COURS

DE

MNÉMOTECHNIE.

IMPRIMERIE DE AUG. AUFFRAY,

PASSAGE DU CAIRE, 54.

COURS

DE

MNÉMOTECHNIE,

PAR TOURY,

PROFESSEUR DE MNÉMOTECHNIE,

ET MARTIN,

BACHELIER ÈS-LETTRES.

PRIX : 5 FRANCS.

PARIS.

CHAMEROT, LIBRAIRE,

SUCCESSEUR DE TOURNEUX,

QUAI DES AUGUSTINS, N.º 13.

M DCCC XXXIII.

AVANT-PROPOS.

Quand Fenaigle, premier inventeur de la Méthode que Aimé Paris a perfectionnée, et qui, maintenant encore susceptible d'amélioration, offre aux élèves laborieux des corrections à faire, des moyens à changer et des applications à ajouter; quand, dis-je, Fenaigle, appuyé seulement sur un système de localité qui sera développé dans mes leçons, s'annonça avec le ton du charlatanisme comme un homme qui donnait de la mémoire à ceux qui n'en avaient point, le ridicule put s'attacher à ses pas, et c'était avec justice que le traitèrent d'imposteur ceux qui, pour soixante-douze francs, n'avaient obtenu que de minces résultats avec de faibles moyens, quand ils avaient espéré des prodiges. Si donc la méthode qui alors était dans son enfance, ou mieux, qui ne faisait que de naître, ne fixa pas l'attention des amateurs, ce fut la faute du professeur qui manqua de franchise. Aujourd'hui celui qui la démontre doit se présenter aux hommes sensés, sous le titre de professeur enseignant, non pas l'art d'augmenter la mémoire, mais les moyens de l'aider, les moyens de retenir ce qu'il y a de plus ingrat pour elle, chiffres, dates historiques, nomenclatures, série quelconque d'idées isolées.

Tout le monde avoue que c'est là l'écueil des mémoires, même les plus heureuses; et par la méthode on retiendra non-seulement immédiatement après avoir appris, mais un an, deux ans, vingt-cinq ans plus tard.

Chacun y trouvera des ressources pour son état, parce que la méthode, une fois comprise, il découvrira mille autres moyens de faire mille applications différentes, quoique le professeur n'ait parlé d'aucune de ces applications, d'aucun de ces moyens. C'est ce que j'ai fait moi-même en corrigeant les exemples mêmes donnés dans la première méthode. J'ai osé changer ou modifier certaines leçons, non-seulement pour prouver ce que j'avance, mais pour présenter sous un jour plus favorable, sous un aspect plus satisfaisant, plusieurs applications qui laissaient quelque chose à désirer pour la clarté et la simplicité des moyens. J'ai corrigé la leçon de mathématiques et ajouté à celle des sciences naturelles, et, relativement à cette dernière, les élèves pourront juger par la suite quelle foule d'applications ils pourront facilement joindre à celles qui leur seront enseignées. Il est impossible de faire justement apprécier cette précieuse méthode, avant d'en avoir donné des leçons. C'est alors que les élèves, intelligens surtout, comparant ce qu'ils auraient pu faire, sans elle, avec ce qu'ils peuvent par son secours, lui accorderont ou plutôt à celui qui l'a perfectionnée, le tribut d'éloges qu'il mérite.

MNÉMOTECHNIE.

PREMIÈRE LEÇON.

Principes de la Méthode.

1º Dans le langage mnémonique, au lieu de distinguer dans les mots, des voyelles, des diphtongues et des consonnes, on n'y verra que des *sons* et des *articulations*. Par *sons*, nous entendons les voyelles et diphtongues ; par *articulations*, les consonnes. On remarquera que ces termes, loin d'être arbitraires, sont les plus propres à faire connaître la véritable nature de ce qu'ils expriment. Effectivement, dans la prononciation, les voyelles et les diphtongues seuls produisent des *sons*. Si l'on a, par exemple, à prononcer le mot *mont*, on s'arrête brusquement sur l'*m* sans faire entendre la diphtongue *ont*, on ne produira aucun son à l'oreille ; seulement la langue ou le gosier auront été forcés à faire un mouvement. Ce manque de son se fait sentir d'une manière plus palpable à la fin du mot *homme*, le mouvement de la langue et du gosier, nécessaire à l'énonciation des consonnes, est précisément *l'articulation*. Donc, enfin, nous n'aurons, dans les mots, que des *sons* et des *articulations*, et on pourra les distinguer en ce que les premières n'exigent, dans la prononciation, aucun mouvement de la langue et du gosier, tandis que c'est le contraire pour les *articulations*.

2º Dans le langage mnémonique on fait abstraction de l'orthographe ; l'oreille est le seul juge. Ainsi, les mots *tremblement, exil, ac-*

tion, *homme*, se prononcent comme s'ils étaient écrits de la manière suivante :

Tremblement.	{	Trambleman.
		Terambelemand.
Exil.	{	Éguesil.
		Egzil.
		Egsil.
Action.	{	Aquesion.
		Aqcion.
		Accion.
		Axion.
Homme.	{	Aume.
		Ome.
		Om.

Enfin, nous n'aurons nul égard aux *sons*, les *articulations* seules seront mises en usage, et uniquement les articulations qui frapperont l'oreille.

Soit par exemple la phrase suivante :

Qui sert bien son pays, n'a pas besoin d'ayeux.

Écrivons-la sans orthographe, c'est-à-dire, le plus simplement possible, et selon ce que nous indique notre oreille :

Ki sair bien son péi, na pa beusoin d'ayeu.

Supprimons les sons : i, ai, ien, on, éi, a, a, eu, oin, ayeu.

Il restera les articulations : k, s, r, b, s, p, n, p, b, s, n, d.

On les prononcera comme si elles étaient suivies d'un *e* muet. Ainsi on dira : que, se, re, be, se, pe, ne, pe, be, se, de. C'est ainsi qu'on lira tous les mots.

Soient encore ces phrases : *Nous avons voulu payer en argent.* — *Mon appartement est-il prêt?* On les articulera ainsi : ne, se, ve, ve, le, pe, re, ne, re, ge. —Me, ne, pe, re, te, me, te, te, le, pe, re.

On voit qu'on n'a eu égard qu'aux articulations qui frappent l'oreille, et que les consonnes finales des mots, *avons*, *argent*, *prêt*, qui ne sont pas suivies d'une voyelle, n'ont aucune valeur, tandis que celles des mots *payer*, *en*, *mon*, *appartement*, *est*, en ont une par la raison contraire. C'est ce qu'explique encore l'abstraction de l'orthographe qui permettrait d'écrire : *Nou zavon voulu péié ran nargent.* — *Mo napartemen té t'il prê?*

On peut se proposer, pour exercice, plusieurs phrases qu'on s'étu-
diera à articuler d'après ces principes.

Maintenant qu'ils sont connus, indiquons les moyens d'établir et de
retenir des rapports entre les mots et les chiffres.

Pour cela, nous allons faire correspondre les dix articulations de
l'alphabet aux dix premiers chiffres, le zero compris, selon la ressemblance des uns et des autres.

Le 0 répondra à l'articulation *s* qui peut se remplacer par le *ç* cé-
dille; le *ç* cédille ressemble au 0 dont il est une moitié;
Le 1 répondra à   *t* (ressemblance sensible).
Le 2   —   à l'*n* (parcé que l'*n* a deux jambes).
Le 3   —   à l'*m* (parce que l'*m* a trois jambes).
Le 4   —   à l'*r* (parce qu'en manuscrit on fait souvent cette
       lettre semblable à un 4).
Le 5   —   à l'*l* (pour la même raison).
Le 6   —   au *j* (par convention).
Le 7   —   au *g* (car il ressemblerait parfaitement à cette let-
       tre, si on effaçait la partie inférieure du *ç*
       qui la forme).
Le 8   —   au *v* (ressemblance parfaite).
Le 9   —   au *p* (ressemblance par opposition).

Il faut maintenant retenir la place qu'occupent les dix premiers
chiffres dans le casier suivant :

0

1	2	3
4	5	6
7	8	9

1	2	3
	5	
7		9

pour cela; il suffit de remarquer que les chiffres impairs occupent les
coins; les chiffres pairs occupent les cases intermédiaires; le 0 est au—

dessus, et hors du casier et le 5 au milieu ; et que si on supprime les chiffres pairs, le reste forme un arrangement semblable à celui des figures d'un cinq dans un jeu de piquet.

Il ne nous sera pas plus difficile d'apprendre la suite des articulations dans le casier suivant, où elles sont placées comme les chiffres auxquels elles correspondent.

<table>
<tr><td colspan="3" align="center">ç s z.</td></tr>
</table>

t d	n gn	m
r	l ill	g j ch
k q c g	v f ph	p b

<table>
<tr><td colspan="3" align="center">c'es.</td></tr>
</table>

tu	na	mi
ra	l	chaud
qui	va	bien

Nous avons cependant un moyen de plus pour la retenir, c'est de faire une phrase avec les articulations des dix premiers chiffres, en conservant l'ordre où elles se suivent, comme : *C'est un amiral chaud qui va bien*, dont les articulations sont : *ce te ne me re le che que ve be*. On pourra lire cette phrase sur les phalanges des trois premiers doigts, de la main qui offrent le tracé du casier dont il s'agit.

Remarquons qu'à *o* répond, non-seulement *ç*, mais encore *s* et *z* dont la consonnance est analogique. *S*, *z* sont les variantes de *ç* ; nous avons de même, pour variante de *t*, le *d* qui n'est qu'un *t* adouci ; celle de l'*n* est le *gn*, plusieurs personnes prononcent *manifique* ; celle de *l* est *ill* qu'on appelle *ll* mouillées ; célles de *j* sont le *g* doux, comme dans *gibet*, et *ch* ; enfin les variantes de *k* sont *q c* (dur) *g* (dur), de *v* est *f*, de *p* est *b*.

Maintenant on conçoit bien que, pour retenir une série quelconque de chiffres, il suffira de faire une phrase avec des mots dont les articulations correspondront aux chiffres donnés. Supposons, par exemple, qu'on veuille retenir les chiffres suivans, 5 1 5 7 8 4 0 7 1 4 9 1 5 5 3 2 4 9 1 4 qui donnent les articulations *le de le que fe re ce que te re pe te le me ne re pe te re*. Remarquons d'abord que les sons ne comptant pour rien, on peut en intercaller tant qu'on voudra dans une phrase, sans en changer l'articulation.

Ici nous pouvons faire cette phrase.

Il y a de l'écho en France, quand on répète les mots *Honneur* et *Patrie*, dans laquelle nous avons intercallé *y a en on et.*

MNÉMONISATION

DE

DATES HISTORIQUES.

Pour retenir la date d'un événement, il faut substituer à cette date un mot, ou des mots, dont les articulations en représentent les chiffres, et amener ce mot, ou ces mots, à la fin d'une phrase qui les liera par un rapport très-intime à l'événement.

Soit, par exemple les dates suivantes.

Henri quatre, ou IV, entre à Paris.   1594.
Rome brûlée par Néron.   64.

On peut retrancher le millésime de la première date, il reste 594 dont les articulations sont *le pe re* avec lesquelles on peut faire *le père*, et la phrase suivante :

Henri IV entrant à Paris devint, de ses sujets, le vainqueur et *le père.*

Avec les articulations *je re*, de la seconde date, on fera le mot *jour* et la phrase suivante : Rome, brulée par Néron, fut en feu pendant 6 *jours*. Le mot qui donne la date s'appelle le *mot sacramentel.*

DATES MNÉMONISÉES [1].

La date de la création du monde se perdrait dans la nuit des temps, si les savans n'avaient pu la *ressaisir* (r s z r, 4004).

Noé, construisant son arche, passait aux yeux de bien des gens pour *un homme rêvant* (n m r v, 2348).

Lors du déluge mythologique, Deucalion et Pyrrha se sauvèrent seuls *dans la nef* (d l n f, 1528).

Abraham est appelé, sous la condition de ne jamais faire *de peine à Dieu* (d p n d, 1921)

En promulguant la loi, Moïse sert à Dieu de *trompette* (t ŀ p t, 1491).

Quand il dédia le temple au Seigneur, Salomon était occupé *d'un saint zèle* (d s z l, 1005).

L'enthousiasme pour les lois de Lycurgue ne fut, à Sparte, qu'un *feu follet* (f f l, 885).

Aux jeux qui marquaient les olympiades, auraient brillé Castor et Pollux sortis d'une coquille (k k ill, 775).

Ruine du royaume d'Israël dont la piété n'était plus aussi *active* (k t v, 718).

Les lois de Solon étaient faites, plus que celles de Dracon, pour un peuple *libre* (l b r, 594).

Babylone essaie en vain de lutter contre Cyrus, *il la lie* (l l l, 555).

Fin de la captivité de Babylone qui, de Jérusalem, punit *les méfaits* (l m f, 538).

Lois de Confucius, dont l'obscurité charmerait *les Manceaux* (l m s, 530).

Léonidas, sommé de rendre les armes, *refuse* (r f z, 480).

Les Dix-mille font leur retraite et quittent le pays où ils ne peuvent plus *rester* (r s t, 401)

Au passage du Granique, Alexandre reçoit de Clytus un service dont il aurait dû garder la *mémoire* (m m r, 334).

---

[1] NOTA. La plupart de ces dates sont tirées du cours de mnémotechnie de M. de Castilho.

Alexandre entre à Jérusalem , avant de s'enfoncer dans les déserts où le marbre fait revivre *Memnon* (m m n , 332).

Bataille d'Arbelles, après laquelle Darius s'écrie : J'ai perdu *ma moitié* (m m t , 331).

Alexandre meurt d'une triste *manière* (m n r, 324).

La ligue des Achéens est le dernier effort de la liberté tenté par des hommes qui ne sont ni soumis, *ni vendus* (n v d , 281).

Jugurtha , vaincu, perd *tous ses biens* (t s b , 109).

Premier triumvirat qui expose Rome à de terribles *chances* (ch s , 60).

Second triumvirat qui prête à pleurer et nullement *à rire* (r r, 44).

Bataille d'Actium qui rend la paix au *monde* (m d , 31).

Constantin voyant le labarum , dit : Suivons le signal qui *m'est donné* (m d n , 312).

Quand Clovis promit de se faire baptiser, la fortune de ce *roi penchait* (r p ch , 496).

Pendant sa fuite, Mahomet ne vécut pas toujours en chanoine (ch n n , 622) .

Charlemagne , empereur, mérite la reconnaissance pour le désordre qu'il *fit cesser* (f s s , 800).

Première croisade, favorable à la muse *des épopées* (d s p p , 1099).

Le Grand schisme d'Occident cesse quand on arrive à comprendre qu'en restant dans la division, on s'expose à *être attaqué* (t r t k, 1417).

Rome fut fondée à proximité de sept *collines* (k l n , 752).

Après avoir vaincu les Curiaces, Horace tua sa sœur dont il trouvait les paroles *choquantes* (ch k t , 671)

Lucrèce ne se fût pas donné la mort, si Tarquin l'eût *laissée en paix* (l s p , 509).

Tarquin mourut à Cumes, sans avoir pu se venger de son peuple *rebelle* (r b l , 495).

Le tribunat fut établi lors de la retraite du peuple sur le Mont sacré, événement qui fournit à Ménénius Agrippa un apologue (celui des membres et de l'estomac) auquel La Fontaine a donné une réputation *européenne* (r p n , 492).

Coriolan assiége Rome ; mais bientôt, aux larmes de sa mère , il se *rend vaincu* (r v k , 487).

La loi agraire arme, l'une contre l'autre, deux castes *rivales* (r v l, 485).

Cincinnatus est arraché, pour revêtir la pourpre de dictateur, de la campagne où il s'était volontairement *relégué* (r l gué, 457).

Les décemvirs, acceptant la mission de faire des lois pour les Romains, ne se chargeaient point d'un *rôle aisé* (r l z, 450).

Appius Claudius voulait se faire adjuger Virginie dont on voyait, par chacun, la beauté *rare enviée* (r r v, 448).

On crée les censeurs obligés, par état, d'avoir un *air rude* (r r d, 441).

La solde établie pour les troupes romaines, ce fut l'argent qui devint, pour les faire agir, le plus puissant *ressort* (r s r, 404).

Camille, exilé, s'écrie : Puisse ne jamais avoir à se repentir cette ingrate patrie qui *me bannit* (m b n, 392).

Les Gaulois, conduits par Brennus, se précipitent sur l'Italie qui a beaucoup de peine à sortir de ce *mauvais pas* (m v p, 389).

Manlius Capitolinus est condamné à mort, accusé d'avoir voulu exciter de coupables *mouvemens* (m v m, 383).

Pyrrhus porte la guerre en Italie, sans prévoir que lui, prince guerrier, sera tué onze ans plus tard par *une femme* (n f m, 283).

La première guerre punique apprend aux Romains qu'ils ont eu tort de se montrer, à l'égard de la navigation, aussi *nonchalans* (n ch l, 265).

Le supplice de Régulus prouva que les Carthaginois n'avaient pas, du respect qu'on doit à l'héroïsme, *nulle idée* (n l d, 251).

La fin de la première guerre punique coûte aux Carthaginois des sommes *énormes* (n r m, 243).

Le premier divorce à Rome trouva bientôt des imitateurs parmi ceux qui n'étaient pas heureux en *hyménée* (n m n, 232).

Le premier médecin qu'on vit à Rome, aurait été *un âne ici* (n n s, 220).

Lors de la seconde guerre punique, Rome et Carthage, ne pouvant s'entendre, dirent : reprenons *nos débats* (n d b, 219).

Les eaux du lac de Trasimène, rougies du sang Romain, perdirent leur limpidité *native* (n t v, 218).

Après la défaite de Cannes, Rome craignit de ne pouvoir, contre le torrent qui allait l'engloutir, élever *une digue* (n d gue, 217).

Archimède est tué par un soldat romain irrité de n'être pas reçu assez *honnêtement* (n t m, 213).

Le censeur Livius note d'infamie toutes les personnes de Rome, sans en excepter *une seule* (n s l, 205).

A la fin de la seconde guerre punique, les Carthaginois dirent : tâchons que les Romains redeviennent *nos amis* (n z m, 203).

Caton, le censeur, réforme les abus qui lui sont *dévoilés* (d v l, 185).

Le jour où Flaminius proclama aux jeux isthmiques la liberté de la Grèce, fut digne de servir *d'époque* (d p k, 197).

Annibal meurt à la cour de Prusias et délivre Rome d'un grand sujet d'effroi (d f r, 184).

Pour la troisième guerre punique, Carthage rassemble des troupes *d'élite* (d l t, 151).

Carthage est détruite par ordre du sénat qui veut venger la puissance romaine *outragée* (t r j, 146).

Tibérius Gracchus, le jour où il est assassiné, heurte, en sortant, le seuil de sa *demeure* (d m r, 134).

Caïus Gracchus, à sa troisième candidature au tribunat, est mis hors d'état *de nuire* (d n r, 124).

Dans les proscriptions de Marius ,nombre de dames romaines *sont veuves* (s v v, 088)[1]:

Sertorius se retire en Espagne, où il doit braver les efforts du peuple *souverain* (s v r, 084).

Sylla se fait nommer dictateur perpétuel, et règne sur cette Rome auparavant *si vaine* (s v n, 084).

Sylla abdique la dictature, étonné de trouver la jouissance du pouvoir suprême *si fade* (s f d, 081).

Sertorius est assassiné par Perpenna, homme *sans cœur* (s k r, 074).

---

[1] NOTA. Pour distinguer les années qui ont précédé la naissance de Jésus-Christ de celles de l'ère chrétienne, on pourra toujours, si on veut, mettre un zéro avant la date quand on mnémonise des années avant Jésus-Christ ; ainsi 97 et 108 etc., désignent des années de l'ère chrétienne ; 097 et 0108 etc., désignent le nombre d'années avant Jesus-Christ.

Catilina, tué à la bataille de Pistoie, échappe au bourreau qui devait terminer *ses jours* (s j r , 064).

Pharamond voit dans la Gaule son *règne assis* (r gne s, 420).

Avec les caractères d'imprimerie, on peut tout exprimer, quand on sait toutes les manières de les *réunir* (r n r, 424).

L'entreprise de Christophe Colomb, qui lui plaisait tant, à tous ses compagnons *répugnait* (r p gn , 492).

Quand le pape fit distribuer les indulgences, Luther *l'attaqua* (l t q, 517).

La Saint-Barthélemi laissa dans les familles bien des *lacunes* (l c n , 572).

Richelieu, en créant l'Académie, pouvait dire : Immortel *je me fais* (j m f, 638).

L'édit de Nantes fut révoqué par le roi *chevelu* (ch v l, 685).

La peste de Marseille et l'incendie de Rennes sont des faits que par tradition nous *connaissons* (c n s, 1720).

Le récit du désastre de Lisbonne arrache des larmes à *qui le lit* (q l l, 755).

Depuis l'invention des aérostats, les parachûtes les rendent de tout *danger exempts* (d g g z , 1670).

La première fois qu'on se trouve dans un panorama, on ne sait *qu'en penser* (q p s, 1790).

Bataille de Bouvines. — L'évêque de Bouvines avec sa massue de fer, frappant les têtes ennemies, en mit plus *d'une à terre* (d n t r, 1214).

Bataille de Crécy. — On eut tort de faire combattre nos soldats fatigués d'une longue *marche* (m r ch, 346).

Bataille d'Azincourt. — Les Anglais furent vainqueurs, et devaient s'attendre à *être taillés* (t r t ill, 1415).

Bataille de Saint-Aubin-du-Cormier. — Mézeray retrancherait de son histoire son combat de Geais et de Pies, s'il *revivait* (r v v, 488).

Bataille de Ravenne. — Louis XII perdit Gaston de Foix, son lieutenant (l t n , 512).

Bataille de Pavie. — François Ier, forcé de se rendre, appela *Lannoy à lui* (l n l, 523).

Bataille d'Arques. — Crillon ne se pendit pas et *il fit bien* (l f b, 589).

Bataille d'Ivry. — Le panache de Henri IV assura la victoire partout où *il passa* (l p s , 590).

Bataille de Marengo. — Le brave Desaix , en mourant, croit qu'avec es jours sa gloire *va cesser* (v c s, 800).

Prise de Troie , dont le siége jamais peut-être , sans Achille, *n'eût fini* (n f n , 1282).

Homère , malgré son génie, vivait dans une triste *position* (p s s , 900).

La fondation de Carthage est une entreprise qui , par Didon , *fut faite* (f f t , 881).

La guerre du Péloponèse n'eût pas eu lieu si Sparte et Athènes n'eussent pas été si *remuantes* (r m t , 431).

Socrate , en mourant, n'avait pas l'*air soucieux* (r s c , 400).

Croisade contre les Albigeois. — On fit une croisade contre les Albigeois pour les forcer à chanter *nos noëls* (n n l , 1225).

Vêpres siciliennes. — Le crime des vêpres siciliennes ne serait pas expié par les prières d'une *neuvaine* (n v n , 1282).

Exécution des templiers. — On balança quelque temps à sacrifier les templiers; mais enfin l'arrêt qui les condamnait fut *maintenu* (m t n , 1312):

Duguesclin connétable. — Duguesclin fut nommé connétable pour avoir empêché les Anglais de s'approvisionner dans nos *magasins* (m g s , 1370).

Formation de la ligue. — La formation de la ligue fit naître des prédicateurs qui parlaient un singulier *langage* (l ga ge , 1576).

Entrée de Henri IV à Paris. — Henri IV entre à Paris dont il trouve enfin l'accès *libre* (l b r , 1594).

Bataille de Marathon. — Darius s'irrite de voir, à Marathon, ses armées *repoussées* (r p s , 1490).

Les trente tyrans chassés d'Athènes , le peuple fut *rassuré* (r s r , 404).

Léonidas aux Thermopyles. — Xercès demande le passage des Thermopyles à Léonidas qui le *refuse* (r f s , 480).

EXERCICES

A FAIRE ENTRE LA PREMIÈRE ET SECONDE LEÇON.

PREMIER.

Trouver des mots correspondans aux nombres suivans.

97	154	14955
76	1624	4025
8501	914	154955
5951	460	144

SECOND.

Faire des phrases pour les faits suivans.

Première représentation du Misanthrope.	*J'ai changé.*
Mort de J.-J. Rousseau.	*Concave.*
Expérience de la pesanteur de l'air, par Pascal.	*Déchargé.*
Découverte du café.	*Entretenue.*

TROISIÈME.

Mnémoniser les dates suivantes.

Inventions des cloches.	400
Les premières cravates introduites en France.	1656
Découverte des chiffres.	1600

SECONDE LEÇON.

Moyen de retenir les nomenclatures.

Nous allons construire un tableau offrant une suite de 100 mots isolés. Il sera fait de telle sorte qu'après deux ou trois lectures on le retiendra parfaitement.

Pour cela, cherchons d'abord 10 substantifs bien généraux, commençant par les articulations qui répondent aux 10 premiers chiffres, et 10 adjectifs remplissant les mêmes conditions.

	Substantifs.		*Adjectifs.*
0	Ciel.	0	Saint.
1	Transport.	1	Terrible.
2	Nation.	2	Noble.
3	Mère.	3	Malheureux.
4	Récit.	4	Ridicule.
5	Lieu.	5	Langoureux.
6	Chagrin.	6	Généreux.
7	Guerrier.	7	Cruel.
8	Victime.	8	Vaillant.
9	Bête.	9	Piteux.

Si l'on retient bien ces vingt mots (ce qui est facile, puisque le numéro d'ordre donne la première lettre de chacun) le tableau est déjà su ; car les substantifs, répondant aux autres chiffres, depuis 10 jusqu'à 100, seront des idées résultant, le plus immédiatement possible, du rapprochement d'un substantif et d'un adjectif.

Expliquons cette opération par exemple.

Il nous faut un substantif pour dix ; eh bien, rapprochons le substantif répondant au premier chiffre de ce nombre, de l'adjectif répondant au second, nous avons *transport saint* ; l'idée résultante est *fa-natisme*. Ainsi, fanatisme sera le substantif répondant à 10. On voit que, pour se le rappeler, il suffira de se souvenir des deux mots qui en donnent l'idée, et ces deux mots, pour tous les nombres, seront toujours deux des vingt mots qu'on a retenus préliminairement.

Trouvons encore des substantifs pour quelques autres nombres.

11 Le substantif répondant à 1, c'est *transport.*
   L'adjectif répondant à 1, c'est   *terrible.*
   Et *transport terrible* donne   *colère.*
   Donc *colère* est le substantif   11

12 Le substantif répondant à 1, c'est *transport.*
   L'adjectif répondant à 2, c'est   *noble.*
   Transport noble donne   *dévouement.*
   Donc *dévouement* est le substantif   12

   Et ainsi de de suite.

13	Transport	malheureux	crime
14	Transport	ridicule	folie.
15	Transport	langoureux	souffrance.
16	Transport	généreux	abnégation.
17	Transport	cruel	jalousie.
18	Transport	vaillant	héroïsme.
19	Transport	piteux	agonie.
20	Nation	sainte	Juifs.
21	Nation	terrible	Cyclopes.
22	Nation	noble	la Castille.
23	Nation	malheureuse	Pologne.
24	Nation	ridicule	Chinois.
25	Nation	langoureuse	Italie.
26	Nation	généreuse	France.
27	Nation	cruelle	Cannibales.
28	Nation	vaillante	Carthaginois.
29	Nation	piteuse	Espagne.
30	Mère	sainte	Marie.
31	Mère	terrible	mégère.
32	Mère	noble	Véturie.
33	Mère	malheureuse	Andromaque.
34	Mère	ridicule	louve { qui nourrit Rémus et Romulus.
35	Mère	langoureuse	Phèdre.
36	Mère	généreuse	la nature.
37	Mère	cruelle	Médée.

38	Mère	vaillante	Cérès — qui fut aux enfers chercher sa fille.
39	Mère	piteuse	Pénélope — qui gémit si long-temps sur l'absence d'Ulysse et de Télémaque.
40	Récit	saint	révélation.
41	Récit	terrible	prophétie.
42	Récit	noble	ode.
43	Récit	malheureux	élégie.
44	Récit	ridicule	bouffonnerie.
45	Récit	langoureux	romance.
46	Récit	généreux	plaidoyer.
47	Récit	cruel	tragédie.
48	Récit	vaillant	épopée.
49	Récit	piteux	complainte.
50	Lieu	saint	temple.
51	Lieu	terrible	enfer.
52	Lieu	noble	Luxembourg — où s'assemblent les pairs de France.
53	Lieu	malheureux	sépulcre.
54	Lieu	ridicule	Lilliput.
55	Lieu	langoureux	bosquet.
56	Lieu	généreux	hospice.
57	Lieu	cruel	abattoir.
58	Lieu	vaillant	cirque.
59	Lieu	piteux	pilori.
60	Chagrin	saint	contrition.
61	Chagrin	terrible	désespoir.
62	Chagrin	noble	résignation.
63	Chagrin	malheureux	veuvage.
64	Chagrin	ridicule	jérémiades.
65	Chagrin	langoureux	privation.
66	Chagrin	généreux	compassion.
67	Chagrin	cruel	séparation.
68	Chagrin	vaillant	captivité.
69	Chagrin	piteux	pleurs.
70	Guerrier	saint	saint Martin.
71	Guerrier	terrible	Annibal.
72	Guerrier	noble	Bayard.
73	Guerrier	malheureux	Bélisaire.
74	Guerrier	ridicule	don Quichotte.
75	Guerrier	langoureux	troubadour.
76	Guerrier	généreux	Scipion.
77	Guerrier	cruel	Attila.

78	Guerrier	vaillant	Achille.	
79	Guerrier	piteux	Xercès	{ qui s'enfuit au moment de combattre.
80	Victime	sainte	agneau.	
81	Victime	terrible	Holopherne.	
82	Victime	noble	Régulus.	
83	Victime	malheureuse	Ney.	
84	Victime	ridicule	Esope.	
85	Victime	langoureuse	Narcisse.	
86	Victime	généreuse	Christ.	
87	Victime	cruelle	Robespierre.	
88	Victime	vaillante	Jeanne-d'Arc.	
89	Victime	piteuse	Absalon.	
90	Bête	sainte	colombe	le Saint-Esprit.
91	Bête	terrible	boa	
92	Bête	noble	aigle	{ oiseau de Jupiter.
93	Bête	malheureuse	âne.	
94	Bête	ridicule	moqueur	{ oiseau d'Amérique.
95	Bête	langoureuse	tourterelle.	
96	Bête	généreuse	lion.	
97	Bête	cruelle	tigre.	
98	Bête	vaillante	cheval.	
99	Bête	piteuse	hibou.	
100		sang.		

Le tableau général que nous donnons plus loin présente, d'une manière claire et simple, l'ensemble de ces divers rapprochemens. On l'appelle tableau des points de rappel.

C'est avec ce tableau qu'il nous sera possible de retenir, après un petit travail préparatoire, une série de cent mots ou de cent idées isolées. Soit, par exemple proposé, à apprendre la suite des mots ci-dessous :

1 Homme	11 Repentir	21 Lieue
2 Guerre	12 Patrie	22 Berline
3 Reconnaissance	13 Front	23 Nombre
4 Admiration	14 Raison	24 Antiquité
5 Mer	15 Paradis	25 Longueur
6 Bal	16 Nature	26 Voisinage
7 Pain	17 Cause	27 Feu
8 Témérité	18 Sentiment	28 Perte
9 Ame	19 Heure	29 Général
10 Borne	20 Ecrivain	30 Bonheur

Il faut faire autant de phrases que de mots ; chacune de ces phrases commencera par le mot de rappel, c'est-à-dire le substantif répondant au numéro d'ordre du mot pour lequel elle est faite, et finira par ce mot lui-même ; de sorte que le nombre indiquant le point de rappel, c'est-à-dire le premier mot de la phrase, le dernier se présentera aussitôt à notre esprit ; c'est ce dont l'expérience convaincra les élèves.

PHRASES POUR LES TRENTE MOTS DONNÉS.

1 Les *transports* qui l'agitent changent le naturel de l'homme.

2 Les *nations* se font souvent d'injustes *guerres*.

3 Qui, plus qu'une *mère*, mérite notre *reconnaissance*?

4 Un beau *récit* a coutume d'exciter notre *admiration*.

5 De tous les *lieux*, le plus humide est la *mer*.

6 Celui qui a du *chagrin* n'a point de goût pour le *bal*.

7 Qu'un guerrier est à plaindre quand il manque de *pain*.

8 On est souvent *victime* de sa *témérité*.

9 On ne sait si les *bêtes* ont une *âme*.

10 Le *fanatisme* est une piété qui passe les *bornes*.

11 Après la *colère* vient souvent le *repentir*.

12 Par un beau *dévouement* sauvons la *patrie*.

13 Que de coupables portent leur *crime* écrit sur le *front*.

14 La *folie* est l'absence de la *raison*.

15 Dieu prédit les *souffrances* de l'homme en le chassant du *paradis*.

16 Pour faire *abnégation* de soi-même, il faut triompher de l'égoïsme que nous tenons de la *nature*.

17 La *jalousie* cause dans les ménages bien des malheurs dont on ignore souvent la *cause*.

18 *L'héroïsme* ne se trouve que chez les hommes à grands *sentimens*.

19 Quand on est à *l'agonie*, on peut dire qu'on touche à sa dernière *heure*.

20 Les *Juifs* ont été maltraités par un fameux *écrivain*.

21 Les *Cyclopes* en deux pas pouvaient faire une *lieue*.

22 Plus d'un *Castillan* se promène dans une *berline*.

23 La *Pologne* aurait triomphé, si elle eût égalé la Russie pour le nombre.

24 La *Chine* se prévaut de son *antiquité*.

25 *L'Italie* a moins d'étendue en largeur qu'en *longueur*.

26 La *France* inspire le respect à tous les peuples situés dans son voisinage.

27 Les *Cannibales* mangent des hommes rôtis au *feu*.

28 Les *Carthaginois* mirent Rome à deux doigts de sa *perte*.

29 *L'Espagne*, selon quelques historiens anciens, n'a eu qu'un grand général.

30 Songe *Marie* qu'être mère de Dieu n'est pas un médiocre *bonheur*.

EXERCICE SUR CETTE LEÇON.

Faire des phrases ou formules pour les mots suivans, qui sont la suite des précédens.

31	Méchanceté.	56	Campagne.
32	Cortége.	57	Fumée.
33	Larmes.	58	Flots.
34	Abandon.	59	Front.
35	Passion.	60	Séjour.
36	Spectacle.	61	Cheveux.
37	Enchantement.	62	Caprices.
38	Champs.	63	Vie.
39	Amans.	64	Instant.
40	Terre.	65	Réalité.
41	Curiosité.	66	Volonté.
42	Mouvemens.	67	Parti.
43	Intérêt.	68	Monde.
44	Populace.	69	Beauté.
45	Fenêtre.	70	Vaurien.
46	Divertissement.	71	Soumission.
47	Ricaneur.	72	Remerciement.
48	Voyage.	73	Main.
49	Temps.	74	Production.
50	Voile.	75	Sévérité.
51	Fer.	76	Epoque.
52	Souvenir.	77	Charmes.
53	Peuple.	78	Talon.
54	Vaisseau.	79	Liberté.
55	Pensée.	80	Société.

SOLUTION DES EXERCICES PROPOSÉS DANS LA PREMIÈRE LEÇON.

Bague.	Douleur.	Terriblement.
Cachet.	Dégénérer.	Rossignol.
Félicité.	Battre.	Admirablement.
Amabilité	Richesse.	Terreur.

Par la lecture du Misanthrope, disait un homme qui détestait la société, *j'ai changé.*

J. J. Rousseau, en mourant, avait les yeux *concaves.*

Pascal reconnut que l'air est moins lourd quand de ses vapeurs il est *déchargé.*

Depuis la découverte du café, l'habitude d'en prendre s'est *entretenue.*

Lors de l'invention des cloches, on fit un si terrible carillon que les oreilles des fidèles en furent *rassasiées.*

Il ne serait pas propre de prendre pour cravate un mouchoir où l'on s'est *déjà mouché.*

L'invention des chiffres procura aux mathématiciens bien *des jouissances.*

TROISIÈME LEÇON.

Application de la leçon précédente à la nomenclature des rois de France.

Avant de mnémoniser cette nomenclature, il est à propos que les élèves se familiarisent avec ce que nous appellerons *analogie-phonique.* Je suppose que nous ayons à retenir les distances suivantes .

Il y a de Lyon à Paris   111 lieues.
de Londres à Paris   98 lieues.
de Bâle à Paris   100 lieues.

On pourrait faire une phrase pour chaque distance ; cette phrase commencerait par le nom de la ville et se terminerait par un mot donnant les chiffres de la distance.

Mais le nom de ville étant trop particulier, il vaut mieux le remplacer par un nom commun qui aura la même consonnance ; pour *Lyon*, on pourra prendre *lion* (animal); pour *Londres*, *l'onde* ; et pour *Bâle*, *bat-le*. Les mots qui en remplacent d'autres, ayant le même son qu'eux, sont des analogies-phoniques. Avec ce moyen, il est plus facile de faire les formules.

FORMULES POUR LES TROIS DISTANCES DONNÉES.

Avec 1 1 1 (te te te), on peut faire *de doute :*

Le lion est le plus courageux des animaux, il n'y a pas *de doute*

Avec 98 (pe fe) on fera *bon vent :*

Sur l'onde les vaisseaux vont bien par un *bon vent*.

Avec 100 (te ce ce), on fera *de cesser :*

Si cet enfant crie, *bat-le* et force-le *de cesser*.

On pourrait encore se servir d'analogies-phoniques pour mnémoniser les dates de faits dont on ne connaît pas bien les détails :

Bataille de Syracuse	214.
Mort d'Abeilard	1079.
Bataille de Marengo	1800.

FORMULES.

Syracuse (sir accuse) 214 (ne te re) notera.

Si un voleur, avide de ton argent, vient te le *saisir, accuse*-le, et la justice le notera.

Abeilard (abeille)1079 (de ce qui pue).

L'abeille ne fait pas son miel *de ce qui pue*.

Marengo (marin) 1800 (du vent cesser).

Le *marin* est joyeux quand il voit la fureur *du vent cesser*.

On conçoit que les faits qui peuvent se mnémoniser par le moyen d'analogies-phoniques , sont des batailles , des époques de la mort de grands hommes, ou de faits semblables; c'est-à-dire , qui offrent toujours dans l'expression du titre un mot principal qui, seul, a besoin d'être retenu; c'est celui qu'on remplace par une analogie-phonique.

On trouvera à la page suivante le tableau général des cent points de rappel. Nous avons cru devoir mettre en regard de ce tableau celui de M. de Castilho , tant pour laisser à nos élèves le choix de l'un ou de l'autre , que pour leur faire juger , par la comparaison qu'ils pourront en faire , du plus ou moins de justesse que le nôtre pourrait offrir dans les résultats du rapprochement de chaque idée. D'ailleurs, comme la nature des idées est différente dans les deux tableaux , on comprendra mieux la manière d'en construire de nouveaux et de vaincre les difficultés qui se rencontrent nécessairement dans un travail semblable.

TABLEAU DE M. DE CASTILHO.

		0	1	2	3	4	5	6	7	8	9
		Saint.	Terrible.	Nu.	Malheureux.	Rond.	Long.	Chaud.	Carré.	Froid.	Petit.
0	Héros.										
1	Temple.	Église.	Loge.	Ruines.	Ermitage.	Dôme.	Babel.	Chapelle ardente	Bourse.	Catacombes.	Oratoire.
2	Animal.	Bœuf.	Tigre.	Grenouille.	Âne.	Hérisson.	Serpent.	Salamandre.	Éléphant.	Ours blanc.	Ciron.
3	Mets.	Communion.	Poison.	Volaille.	Pain bis.	Fromage.	Saucisse.	Potage.	Chocolat.	Sorbet.	Petits pois.
4	Roi.	David.	Néron.	Jean-sans-Terre.	Priam.	Louis-le-Gros.	Philippe-le-Long.	Sardanapale.	Bajazet.	Pierre-le-Grand.	Pepin-le-Bref.
5	Lion.	Vœux.	Serment.	Ceinture.	Mauvais ménage.	Corde à pendre.	Câble.	Boa.	Collier de forçat.	Chaîne.	Chaîne de montre.
6	Jeu.	Musique.	Guerre.	Lutte.	Loterie.	Boules.	Paume.	Main chaude.	Échecs.	Boules de neige.	Petits jeux.
7	Coin.	Terre-Sainte.	Tauride.	Arabie déserte	Barbarie.	Monde.	Italie.	Afrique.	Espagne.	Sibérie.	Sardaigne.
8	Fruit.	Manne.	Fruit défendu.	Pêche.	Pomme de terre.	Citrouille.	Asperge.	Marron.	Figues en caisse.	Concombre.	Groseilles.
9	Pommier (arbre).	Olivier.	Mancenillier.	Mât.	Croix.	Oranger.	Peuplier	Buisson ardent.	Poutre.	Sapin.	Myrthe.
					100	Sang.					

TABLEAU DE LA MÉTHODE.

		0	1	2	3	4	5	6	7	8	9
		Saint.	Terrible.	Noble.	Malheureux.	Ridicule.	Langoureux.	Généreux.	Cruel.	Vaillant.	Pileux.
0	Ciel.										
1	Transport.	Fanatisme.	Colère.	Dévouement.	Crime.	Folie.	Amour.	Abnégation.	Jalousie.	Héroïsme.	Agonie.
2	Nation.	Juif.	Cyclopes.	Bastille.	Pologne.	Chinois.	Italie.	Français.	Cannibales.	Carthaginois.	Espagne.
3	Mère.	Marie.	Mégère.	Véturie.	Andromaque.	Louve.	Phèdre.	La nature.	Médée.	Cérès.	Pénélope.
4	Récit.	Révélation.	Prophétie.	Ode.	Élégie.	Bouffonnerie.	Romance.	Plaidoyer.	Tragédie.	Épopée.	Complainte.
5	Lieu.	Temple.	Enfer.	Luxembourg.	Sépulcre.	Lilliput.	Bosquet.	Hospice.	Abattoir.	Cirque.	Pilori.
6	Chagrin.	Contrition.	Désespoir.	Résignation.	Veuvage.	Jérémiades.	Privation.	Compassion.	Séparation.	Captivité.	Pleurs.
7	Guerrier.	Martin (saint).	Annibal.	Bayard.	Bélisaire.	don Quichotte.	Troubadour.	Scipion.	Attila.	Achille.	Xercès.
8	Victime.	Agneau.	Holopherne.	Régulus	Ney.	Ésope.	Narcisse.	Christ.	Robespierre.	Jeanne-d'Arc.	Absalon.
9	Bête.	Colombe.	Boa.	Aigle.	Âne.	Moqueur.	Tourterelle.	Lion.	Tigre.	Cheval.	Hibou.
100	Sens.										

Application du tableau précédent à la mnémonisation de la nomenclature des rois de France, et dates de leur avénement au trône.

On représentera les noms des rois de France qui n'ont pas eu d'homonymes par des analogies – phoniques, ou ressemblances de sons. Ainsi, les rois :

Pharamond.		Phare.
Clodion.		Claude (saint).
Mérovée.		Mes rôts.
Caribert.		Carybde.
Pépin.	seront représentés	Pepin.
Carloman.	par les mots.	Carlos (don).
Eudes.		OEufs.
Raoul.		Roule.
Lothaire.		Loterie.
Hugues–Capet.		Huguenot.
Napoléon.		un Apollon.
Louis – Philippe.		Loup, file.

Pour les autres rois, on prendra une syllabe du nom seulement pour les désigner, et l'articulation ou les articulations qui suivront, indiqueront le numéro de chacun dans la série de ses homonymes. On observera de ne pas prendre la même syllabe pour des noms différens.

Rois.	*Syllabes mnémonisées.*
Childebert.	ber.
Childeric.	der.
Chilpéric.	per.
Clotaire.	ter.
Clovis.	vis.
Dagobert.	da
Thierri.	ti.
Charles	char.
Louis.	lou.
Robert.	ro.
Henri.	en.
Philippe.	fil.
Jean.	gen.
François.	franc.

Les noms suivans, formés d'après cette règle, exprimeront les noms des rois homonymes.

Childebert	I	Berthe.	Louis	IV	lourd.
—	II	bernée	—	V	loulé.
Childéric	I	déroute.	—	VI	louche.
—	II	dernier.	—	VII	lougon.
—	III	derme.	—	VIII	louve.
Chilpéric	I	perte.	—	IX	loupe.
—	II	perne.	—	X	loup, disant.
Clotaire	I	terre, tous.	—	XI	loué de tous.
—	II	terne.	—	XII	loudunois.
—	III	terme.	—	XIII	loué de moi.
—	IV	terreur.	—	XIV	loutre
Clovis	I	visite.	—	XV	l'outil, la.
—	II	Wistncu.	—	XVI	loue, touché.
—	III	vis, mieux.	—	XVII	loup, attaque.
Dagobert	I	date.	—	XVIII	loup, défiant.
—	II	damné.	Robert	1	rôti.
Thierri	I	Titan.	—	II	rogné.
—	II	tine.	Henri	1	entier.
Charles	I	charte.	—	II	ennui.
—	II	charnu.	—	III	en mai.
—	III	charme.	—	IV	Henri.
—	IV	char, errer.	Philippe	I	filouter.
—	V	Charles.	—	II	fil noué.
—	VI	charge.	—	III	fil mieux.
—	VII	chargneux.	—	IV	fileur.
—	VIII	char, vieux.	—	V	filial.
—	IX	charpie.	—	VI	fil échu.
—	X	char, disant.	Jean	I	gentil.
Louis	1	loudun.	—	II	gens niais.
—	II	loup, né.	François	I	franc ton.
—	III	loue moins.	—	II	franc niais.

Pour chaque roi, on fera une phrase commençant par un mot de rappel qui donnera le numéro d'ordre. On fera entrer dans cette phrase le mot ou les mots qui représentent le nom du roi et son rang dans les homonymes, son surnom et le mot sacramentel de la date d'avénement.

NOMENCLATURE

DES ROIS DE FRANCE,

ET

DATES DE LEUR AVÉNEMENT AU TRONE.

	Rois.		Dates.		Rois.		Dates.
1	Pharamond		420	34	Raoul		923
2	Clodion		427	35	Louis IV d'outremer		936
3	Mérovée		448	36	Lothaire		954
4	Childéric	I	456	37	Louis V le fainéant		986
5	Clovis	I	484	38	Hugues-Capet		987
6	Childebert	I	511	39	Robert II		996
7	Clotaire	I	558	40	Henri I		1031
8	Caribert		561	41	Philippe I		1060
9	Chilpéric	I	567	42	Louis VI le gros		1108
10	Clotaire	II	584	43	Louis VII le jeune		1137
11	Dagobert	I	628	44	Philippe II auguste		1180
12	Clovis	II	638	45	Louis VIII le lion		1223
13	Clotaire	III	656	46	Louis IX (le saint)		1226
14	Childéric	II	671	47	Philippe III le hardi		1270
15	Thierri	I	674	48	Philippe IV le bel		1285
16	Clovis	III	691	49	Louis X		1314
17	Childebert	II	695	50	Jean I		1316
18	Dagobert	II	711	51	Philippe V le long		1316
19	Chilpéric	II	715	52	Charles IV le bel		1322
20	Clotaire	IV	717	53	Philippe VI de Valois		1328
21	Thierri	II	720	54	Jean II le bon		1350
22	Childéric	III	742	55	Charles V le sage		1364
23	Pépin-le-Bref		752	56	Charles VI le bien aimé		1380
24	Charlemagne		768				
25	Louis I le débonnaire		814	57	Charles VII le victorieux		1422
26	Charles II le chauve		840				
27	Louis II le bègue		877	58	Louis XI		1461
28	Louis III et Carloman		879	59	Charles VIII		1483
29	Carloman, seul		882	60	Louis XII père du peuple		1498
30	Charles-le-Gros		884				
31	Eudes		888	61	François I le père des lettres		1515
32	Charles III le simple		893				
33	Robert I		922	62	Henri II		1547

Rois.			Dates.		Rois.			Dates.
63	François	II	1559	70	Louis	XVI		1774
64	Charles	IX	1560	71	Louis	XVII		1793
65	Henri	III	1574	72	Napoléon-le-Grand			1804
66	Henri	IV le grand	1589	73	Louis	XVIII		1814
67	Louis	XIII le juste	1610	74	Charles	X		1824
68	Louis	XIV le grand	1643	75	Louis-Philippe			1830
69	Louis	XV	1715					

FORMULES

pour la mnémonisation de tous les rois de France.

1   Avec quel *transport* Léandre voyait briller le *phare* de Héro qu'il ne quittait qu'au jour *renaissant !*

2   Une partie de la *nation* va en pélerinage à *Saint-Claude;* on n'y voit pas de *renégat.*

3   Si ma *mère* laisse brûler *mes rôts* , ils seront *raréfiés.*

4   Le *récit* d'une *déroute* fait trembler un *roi lâche.*

5   Il n'est guère de *lieux* que ne *visite* le marchand *d'orviétan.*

6   Après avoir péché, le *chagrin* de *sainte Berthe* fut tel , qu'elle faillit en perdre *la tête.*

7   Les *guerriers* morts sont mis en *terre tous* après la bataille ; quelquefois sur leur tombe on plante *l'olivier.*

8   Combien de *victimes* ont péri dans *Carybde*, où leur témérité *les jetait !*

9   Il est de certaines *bêtes ;* ce serait courir à sa *perte* que de les *choquer.*

10 ·Le *fanatisme* au regard *terne* a pour arme un poignard ; la fureur fait trembler ses *lèvres.*

11   Un bœuf en *colère* écraserait une *datte* comme un grain de *chenevis.*

12   Par *dévouement* au culte de *Wistnou*, indiens, pourquoi *chômez-vous ?*

13   Le *crime* de l'inconduite est le *terme.* C'est presque toujours la ressource de ceux qui sont par le *jeu alléchés.*

14 C'est une *folie* que la danse ; je serais le *dernier* à vouloir ainsi *gigotter*.

15 L'amour aux *Titans* ne donna pas beaucoup de *chagrin*.

16 Écoutons la voix de Dieu qui nous dit : fais *abnégation, vis mieux* et cesse de *chipoter*.

17 Combien de gens par la *jalousie* furent *bernés*, depuis l'artisan jusqu'au *chambellan*.

18 L'*héroïsme* d'Enée, qui fut au séjour des *damnés*, est admiré ; mais aucun ne veut imiter sa *conduite*.

19 Si celui qui est à *l'agonie* pouvait se guérir en avalant une *perne*, que de gens voudraient en avoir au moins un *quintal !*

20 Quand les *Juifs* avaient de la *terreur*, ils chantaient des *cantiques*.

21 Les *Cyclopes* buvaient dans une *tine* le meilleur vin qu'ils connussent.

22 Les habitans de la *Castille* mangent tant de pîment, qu'ils devraient avoir le *derme* de la langue comme de la *corne*.

23 Les *Russes* enlèvent les habitans de la *Pologne* pour planter des *pepins* dans leurs *colonies*.

24 Les *Chinois* n'ont pas de *Charte* ; le droit de juger n'appartient qu'aux *chefs*.

25 En *Italie*, ainsi qu'à *Loudun* ; plus d'un curé *débonnaire* eut des *aventures*.

26 En France on aime les animaux *charnus*, non *chauves ni féroces*.

27 Les cannibales dans les déserts, comme le *loup né bègue* ou non, croqueraient *vos cagots*.

28 Quelle différence des *Carthaginois* avec les Andalous, qu'on *loue moins*, et don *Carlos*, leur prince, qui, au combat, dit-on, *fut capon !*

29 Une partie de l'*Espagne* voudrait avoir pour roi don *Carlos seul* ; il faudrait pour cela que le règne de Ferdinand *fût fini*.

30 Le fils de *Marie* allait pieds nus, tandis que, dans un beau *char, le gros* évêque pense à bien *vivre*.

31 Une *mégère* est plus mauvaise que des *œufs* dans lesquels un poulet commence à se *vivifier*.

32 La parole de *Véturie* a levé le *charme* ; le *simple* langage d'une mère, plutôt que le reproche, pour ramener un fils *vaut bien mieux*.

53 *Andromaque*, tandis que ses serviteurs mangeaient du *rôti*, pleurait sous un *bananier*.

54 On doit craindre la *louve* qui *roule* pour prendre l'enfant *bien aimé*.

55 *Phèdre*, après le départ de son fils, avait sur le cœur un poids bien *lourd*. *D'outre-mer* elle croyait le voir revenir, quand on lui dit qu'il avait été dévoré par un monstre *bien méchant*.

56 Dans sa *nature*, c'est un vol que la *loterie* : on a promis de *l'abolir*.

57 Ils semblent être du temps de *Médée*, les murs de *Loulé*. Les habitans *fainéans* les laissent tomber en ruines, et n'en sont *pas fâchés*.

58 Les Parisiens invoquaient *Cérès* lorsque les *huguenots* les entouraient de leurs *bivouacs*.

59 Le fils de *Pénélope* plus d'une fois eût été *rogné*, sans Mentor, qui n'était *pas bûche*.

40 La justice ayant obtenu des *révélations*, le peuple *entier* espère être quitte *des émeutes*.

41 Beaucoup de gens parlent de *prophéties* pour mieux nous *filouter* : mais on est rebattu *de ces choses*.

42 Pour faire des odes il ne faut pas de phrases *louches*, *le gros* de la besogne c'est de ne pas écrire des choses qu'on soit obligé *de désavouer*.

43 Si vous chantez *l'élégie* sur les bords de la *Lougon*, *le jeune* pâtre pour vous écouter viendra s'asseoir au pied *des muguets*.

44 On peut dire sans *bouffonnerie* : je voudrais voir mon *fil noué*, *auguste Parque*, car je tremble que d'un coup de ciseaux tu n'opère une *division*.

45 Quand le dieu des arts chantait une *romance*, pour l'écouter venaient *louves* et *lions* ; sur ce point on est *unanime*.

46 Cicéron qui fit de si beaux *plaidoyers*, malgré sa petite *loupe* avait l'esprit *sain*. Quand il plaidait, autour de lui on voyait les hommes les plus *dignes nichés*.

47 Dans nos meilleures *tragédies* l'intrigue *file mieux* ; le plan est *hardi* ; on n'y remarque pas *d'inaction*.

48 Si Buffon n'écrivit point *l'épopée*, on lui doit l'histoire naturelle. Dans ses animaux *fileurs* on distingue l'araignée, qui n'est pas *belle*. Quand on lui rompt ses toiles, elle en fait de *nouvelles*.

49   Toutes les *complaintes* qui parlent des *loups disent* qu'ils sont *mutins*. Personne ne veut les *démentir*.

50   Dans un *temple*, il n'est pas *gentil* de n'être qu'à *demi-touché*.

51   Si tu veux éviter *l'enfer*, pratique l'amour *filial*, sans quoi pour un temps *long* tu seras au *démon adjoint*.

52   Devant le *Luxembourg* on voit dans son *char errer* plus d'une *belle* à la taille *mignonne*.

53   On est près du *sépulcre* quand Atropos juge le temps de couper le *fil échu*. Quoi qu'on puisse *valoir*, on perd le goût *des mets nouveaux*.

54   En nous parlant de *Lilliput*, l'auteur nous prend pour des *gens niais;* nous serions *bons* de croire ce conte *malicieux*.

55   Il a quitté ses *bosquets, Charles*, pour n'avoir pas été *sage;* il eut contre lui la force *majeure*.

56   Il y a des *hospices* où les femmes de *charge* par les malades sont *bien aimées*, et pour lesquelles on n'a aucune *méfiance*.

57   En sortant de *l'abattoir*, on voit le boucher ramener sur son *char gueux* d'un air *victorieux* la bête qui a cessé *de rognoner*.

58   Celui qui était vainqueur au *cirque* était *loué de tous*, et recevait les honneurs, qu'il n'était pas tenté *de rejeter*.

59   Celui qu'on mène au *pilori* dans un *char vieux* est regardé comme un *être infâme*.

60   Adam fit en vain son acte de *contrition*, il fut chassé de ce jardin plus beau que ceux du *Loudunois*, et devint *le père du peuple* de la terre pour expier sa *dure bévue*.

61   La France fut au *désespoir* quand il perdit son *franc ton, le père des lettres*. Lorsqu'il fut pris, que d'ennemis furent mis au *linceuil*.

62   Il faut de la *résignation* pour ne pas éprouver un violent *ennui* en lisant de certaines poésies *lyriques*.

63   Celui qui vit dans le veuvage est un *franc niais*. Les fait-il revivre, le tribut qu'aux morts d'un air *dolent l'on paie?*

64   Écoutez les *jérémiades* de ce blessé; il lui faut de la *charpie* et le traiter avec *diligence*.

65   La fourmi s'impose des *privations en mai* pour avoir de quoi vivre quand le froid lui fait *la guerre*.

66   Il eut *compassion* des parisiens, *Henri-le-Grand; il fit bien*.

la *séparation* Dieu a dit à ses disciples , il sera *loué de moi le juste ;* car je suis *judicieux.*

68   Dans la *captivité* la *loutre* à *grands* poils ne trouverait pas *de charmes.*

69   Au souvenir de son infidèle , Vulcain verse des *pleurs ;* il laisse *l'outil là,* ainsi que le fer *ductile.*

70   On vit *Saint Martin* que chacun *loue, touché* de la misère du pauvre ; son rôle vaut bien celui *de conquérant.*

71   *Annibal* avec la fureur d'un *loup attaque* et force l'ennemi à un prompt *décampement.*

72   Si *Bayard* n'était pas aussi beau *qu'un Apollon,* il fut aussi *grand* et un de nos meilleurs *défenseurs.*

73   Si *Bélisaire* eût eu la malice du *loup défiant,* de son malheur il eût pu se *défendre.*

74   Il fallait voir *Dom Quichotte* sur le *char disant,* que vais-je *devenir ?*

75   Quand il entend chanter nos *troubadours* modernes, le dilettenti comme un *loup file ;* car il n'aime que la musique *fameuse.*

Nous n'avons donné pour exemple que la nomenclature des rois de France ; mais on conçoit , sans que nous ayons besoin de l'indiquer, on conçoit , dis-je , le moyen de faire l'application à une suite de souverains quelconques. On pourrait mnémoniser ainsi la nomenclature des papes , des consuls romains , etc., etc.

Moyen de retenir, avec l'année, le jour du mois où tel fait a eu lieu.

Il faut prendre des analogies phoniques pour les douze mois de l'année , ou bien adopter la syllabe la plus saillante de leur nom.

Janvier — jean — gens — jan.
Février — fée — fait — fé.
Mars — mât — ma — m'a.
Avril — riz — ris — ri.
Mai — mets — mai — mè — mè.
Juin — jeu — je — che.
Juillet — lait — laid — legs — les.
Août — ou — où — houx.

Septembre — temps — tan.

Octobre — Octave.

Novembre — nouveau.

Décembre — décès — de ces — Dessaix.

Soit maintenant à mnémoniser les faits suivans :

Assassinat de Henri IV le 14 mai 1610.

Mort de Bonaparte le 5 mai 1821.

Bataille de Marathon le 29 septembre 490.

Combat de Salamine le 20 octobre 480.

Mort d'Alexandre-le-Grand le 2 juin 323.

Le moyen de mnémoniser ces dates est celui que nous avons indiqué dans la première leçon ; seulement il faudra faire entrer dans la formule l'analogie phonique représentant le nom du mois , et la faire suivre des articulations exprimant le quantième. Exemple :

FORMULES POUR LES FAITS PROPOSÉS CI-DESSUS.

Mai — mais.   14 — te re   — maître.

Lorsque Henri IV fut assassiné, les Français perdirent un des plus grands *maîtres* que dans le métier de la guerre on eût vu *jadis*.

Mai — mêi.   5 — le.   mêler.

On demanderait compte au destin de la mort de Bonaparte , s'il était permis de se *mêler* des secrets de la *divinité*.

Septembre — temps.   29   ne pe.   temps, n'eût pu.

Miltiade, à la bataille de Marathon, s'il n'eût bien pris son *temps*, *n'eût pu* sur ses lauriers *se reposer*.

Qui, en lisant le combat de Salamine qui précéda ceux *d'Octave, ne se* rit des Perses cherchant un avantage que leur position *refusait ?*

Alexandre, mourant *jeune*, pouvait dire : Le sort n'est pas long-temps *mon ami*.

On aurait pu sans doute n'employer que les syllabes saillantes ;

mais comme il est certains quantièmes dont les articulations ajoutées à la syllabe adoptée n'auraient donné aucun mot français, il a été nécessaire de mettre en usage aussi les analogies phoniques. Celles-ci, de même, n'auraient pu servir exclusivement, parce qu'il serait difficile d'en rencontrer d'assez justes pour quelques mois, et que d'un autre côté elles offriraient moins d'avantages pour la construction des formules.

Si l'on voulait retenir des particularités du fait qu'on mnémonise outre sa date, on les mentionnerait dans la formule, soit par elles-mêmes, soit par des analogies phoniques.

Ainsi, pour les deux faits suivans :

Thermomètre inventé par Corneille Drubbel,   1720.
——————————— Perfectionné par Réaumur ,   1730.

On pourrait faire ces formules :

Le *terme* de la vie est moins proche d'une *corneille drue et belle* que de celle qui *agonise*.

Il faudrait avoir atteint le dernier *terme* de la *perfection* en architecture pour faire un *très-haut mur* qui n'aurait qu'un pied de large en *commençant*.

N. B. On est libre de ne pas tant multiplier les analogies phoniques : quand on est sûr de pouvoir retenir les mots tels qu'ils sont. C'est la difficulté qui doit nous guider à cet égard.

Voici encore un exemple propre à mettre au jour les ressources de la méthode. Je suppose que l'on ait à mnémoniser les époques suivantes :

Fondation de la cathédrale	d'Amiens	1222.
—	de Paris	1257.
—	de Parme	1320.
—	de Pise	1016.
—	de Reims	835.
—	de Séez	1030.

Il est possible que l'on ne connaisse pas assez bien les particularités qui ont rapport à chacune de ces cathédrales, pour faire des formules raisonnables. En employant les analogies phoniques, on prévient cette difficulté. De plus, au lieu de faire six phrases isolées et particulières, on peut réunir toutes les formules en les rendant membres d'une période, ou les parties d'une énumération que lie entre elles la première idée de la phrase générale.

EXEMPLE.

On voit avec plaisir, dans la cathédrale d'Amiens, entrer plus *d'une nonne ;*

à Paris, des gens parlant plus *d'une langue ;*

à Parme, une foule de vers à soie qui donnent de quoi faire les habits qu'on voit briller *dans les noces ;*

à Pise, la terre qui dans le cimetière de Campo-*Santo gît ;*

à Reims, un portail que les étrangers, comme le plus *fameux,* louent ;

enfin des gens qui, après *seize* lieues de course, sont incapables *de se lasser.*

On voit qu'ici l'idée de cathédrale, qui, suivant les premiers moyens indiqués, devrait se reproduire à chaque phrase, n'est énoncée que dans le premier membre de la période ; et qu'elle suffit pour rappeler, d'après la convention qu'on a faite avec soi-même, que c'est de la date de la fondation d'une cathédrale qu'il s'agit.

EXERCICES SUR LA TROISIÈME LEÇON.

PREMIER.

Chercher des mots qui puissent exprimer les rois suivans d'Angleterre, en adoptant une syllabe de leur nom, et la faisant suivre de l'articulation ou des articulations qui doivent donner le chiffre du rang du roi, dans la série de ses homonymes.

Édouard I	Guillaume I
II	II
III	III
IV	IV
V	James I
VI	II

SECOND.

Mnémoniser les rois suivans d'Angleterre.

49ᵉ année.	Date de son avénement au trône	1702.
38ᵉ	Richard III , le bossu	1485.

TROISIÈME.

Faire des formules les plus précises possible, dans lesquelles on fera ntrer sans changer l'ordre dans lequel ils se suivent, les mots suivans.

1   Bocage, — rameau , — outrage , — feuillage , — plaisir

2   Rome, — agnus, — fantassins , — saints , — homme.

5   Amour, — vie, — vents , — mer, — tempète , — naufrage , — navigable.

QUATRIÈME.

Mnémoniser les dates suivantes avec le quantième du mois.

Mort de César. . . . . le 15 mars. . . 44.

Phocion condamné par les Athéniens à boire la ciguë, ... le 22 avril. . . 317.

SOLUTION DES EXERCICES DE LA DEUXIÈME LEÇON.

1   Une *mégère* signale plus d'une fois chaque jour sa *méchanceté*.

2   *Véturie* des dames romaines précédait le *cortége*.

5   *Andromaque*, chez Pyrrhus , versa bien des *larmes*.

4   Une *louve*, dit-on, nourrit Romulus et Rémus dans leur *abandon*.

5   *Phèdre* ne fut pas maîtresse de sa *passion*.

6   La *nature* offre à nos yeux de beaux *spectacles*.

7   *Médée* était puissante par ses *enchantemens*.

8   *Cérès* préside aux *champs*.

9   *Pénélope* était obsédée par une foule *d'amans*.

0   La *révélation* est le code d'une nouvelle religion établie sur la *terre*.

1   Les *prophéties*, si elles étaient vraies, seraient bien dignes de notre *curiosité*.

42   C'est dans une *ode* que l'ame exprime ses *mouvemens*.

43   *L'élégie* pour celui qui se plaint nous inspire un tendre *intérêt*.

44   La *bouffonnerie* plaît à la *populace*.

45   La *romance* est en usage chez les Espagnols, qui, le soir, la chantent à leur belle sous ses *fenêtres*.

46   Certains *plaidoyers* offrent un style ampoulé qui ne laisse pas de procurer du *divertissement*.

47   La *tragédie* peut déplaire aux *ricaneurs*.

48   *L'épopée* se fait honneur de Virgile , qui d'Énée a chanté les *voyages*.

49   Les marchands de *complaintes* ont des violons usés par le *temps*.

50   Dans le *temple*, on voit souvent entrer le crime , à qui la piété a prêté son *voile*.

51   Dans *l'enfer*, au dire des bonnes vieilles , le diable est armé d'une fourche de fer.

52   Le *Luxembourg* nous retrace plus d'un *souvenir*.

53   Peu de *sépulcres* des rois reçoivent les larmes du *peuple*.

54   *Lilliput* avec ses habitans eût pu être amené sur un *vaisseau*.

55   Les *bosquets* provoquent de douces *pensées*.

56   Les *hospices* sont plutôt dans les villes qu'à la *campagne*.

57   A *l'abattoir*, on peut y voir du sang la *fumée*.

58   Dans les *cirques* quelquefois le sang coulait à grands *flots*.

59   Au *pilori* , le patient porte le stigmate de l'infamie sur son *front*.

60   La *contrition* peut des saints nous ouvrir le *séjour*.

61   Dans le *désespoir* on voit des gens s'arracher les *cheveux*.

62   Avec *résignation* le philosophe supporte de la fortune les *caprices*.

63   Le *veuvage* est l'état le plus malheureux de la *vie*.

64   Les *jérémiades* des prophètes fatiguaient les anciens à chaque instant.

65   Dans la *privation* souvent le rêve est plus agréable que la *réalité*.

66   La *compassion* se trouve bien chez celui qui peut faire du bien à sa volonté.

67   Après la *séparation*, combien de gens oublient ceux qui sont *partis!*

68   La *captivité* est le plus grand malheur du *monde*.

69   Les *pleurs* peuvent ternir la *beauté*.

70 *Saint-Martin* est le patron d'un *vaurien.*

71 *Annibal* écrasait les peuples qui ne faisaient pas leur *soumission.*

72 *Bayard* mérite plus d'un *remerciement.*

73 *Bélisaire,* pour vivre, fut obligé de tendre la main.

74 *Don Quichotte* est une plaisante *production.*

75 Les *Troubadours ,* dans leurs chants , reprenaient les grands avec sévérité.

76 *Scipion* fit plus d'un trait de générosité qui font *époque.*

77 *Attila* pour qui la cruauté eut tant de *charmes.*

78 *Achille* n'était vulnérable qu'au *talon.*

79 *Xercès* n'était pas partisan de la *liberté.*

80 *L'agneau* saint s'immola pour sauver l'humaine *société.*

QUATRIÈME LEÇON.

Série des points de rappel poussée jusqu'à 500. — Moyen d'en former d'autres qui puissent fournir 200 points de rappel.

Nous avons, dans notre tableau de 100 mots, un moyen de mnémoniser une nomenclature de cent idées ; mais si nous en voulions mnémoniser une plus nombreuse, nous serions obligé de continuer le tableau ; quel est le moyen de le faire ? Nous allons d'abord l'exposer dans cette leçon.

Si nous cherchons, pour chacun des mots du tableau primitif, un autre mot qui ait du rapport avec le premier, c'est-à-dire, dont l'idée dérive de la sienne, ou lui soit attaché, nous obtiendrons une suite de cent mots nouveaux ; si, au lieu d'un dérivé, nous en cherchons quatre , nous aurons quatre cents mots nouveaux, qui, ajoutés aux cents points de rappel connus, feront un tableau de cinq cents. Cherchons ces dérivés.

Le premier nombre, pour lequel nous n'avons pas de point de rappel, c'est 101. Pour 101, nous allons employer un mot en rapport avec 1, c'est-à-dire, avec transport. Ce sera, par exemple, *indignation.* Ce mot, nous l'appellerons le premier dérivé de 1, c'est-à-dire que le premier chiffre à gauche fait connaître le rang du dérivé, et le reste, le mot dont il dérive. Nous avons, pour 101, indignation qui est le premier dérivé de 1; le deuxième dérivé de 1 répondra à 201; le troisième dérivé de 1 répondra à 301, et le quatrième dérivé de 1 à 401. Suivant cet ordre, nous chercherons des dérivés pour

1er dérivé de 2.	2e dérivé de 2	3e dérivé de 2	4e dérivé de 2
102.	202.	302.	402.
1er dérivé de 3.	2e dérivé de 3	3e dérivé de 3	4e dérivé de 3
103.	203.	303.	403.
1er dérivé de 4.	2e dérivé de 4	3e dérivé de 4	4e dériv- de 4
104.	204.	304.	404.
1er dérivé de 5.	2e dérivé de 5	3e dérivé de 5	4e dérivé de 5
105.	205.	305.	405.

Les quatre dérivés devront se suivre selon leur ordre alphabétique. Voici quelques exemples.

1 Transport.	101 Indignation.	201 Plaisir.	301 Peine.	401 Surprise.
2 Nation.	102 Civilisation.	202 Guerre.	302 Paix.	402 Politique.
3 Mère.	103 Alarmes.	203 Enfant.	303 Soin.	403 Tendresse.
4 Récit.	104 Etude.	204 Génie.	304 Lecteur.	404 Style.
5 Lieu.	105 Espace.	205 Limite.	305 Place.	405 Séjour.
6 Chagrin.	106 Gémissemens.	206 Maigreur.	306 Sensibilité.	406 Soupirs.

Nous écrivons ainsi les quatre dérivés de chaque mot sur ligne horizontale, observant que la première colonne verticale, n'étant que la suite des cent mots de rappel de la seconde leçon, on peut ne pas les écrire et se contenter de présenter les quatre autres colonnes ainsi qu'il suit :

101 Indignation.	201 Plaisir.	301 Peine.	401 Surprise.
102 Civilisation.	202 Guerre.	302 Paix.	402 Politique.
103 Alarmes.	203 Enfant.	303 Soin.	403 Tendresse.
104 Etude.	204 Génie.	304 Lecteurs.	404 Style.
105 Espace.	205 Limite.	305 Place.	405 Séjour.
106 Gémissemens.	206 Maigreur.	306 Sensibilité.	406 Soupirs.
107 Armes.	207 Bravoure.	307 Lauriers.	407 Victoire.
108 Autels.	208 Couteau.	308 Entrailles.	408 Prédiction.
109 Poissons.	209 Quadrupèdes.	309 Reptiles.	409 Volatiles.
110 Démence	210 Jésuites.	310 Assassins.	410 Ravaillac.
111 Blasphème.	211 Coups.	311 Grincemens.	411 Injures.
112 Codrus.	212 Déguisement.	312 Mort.	412 Sparte.
113 Calomnie.	213 Homicide.	313 Trahison.	413 Vol.
114 Accès.	214 Grimaces.	314 Jouet.	414 Radotage.
115 Aveu.	215 Constance.	315 Oubli.	415 Sermens.

116 Abandon.	216 Désintéressement.	316 Secours.	416 Services.
117 Médisance.	217 Embûches.	317 Soupçons.	417 Vengeance.
118 Hercule.	218 Castor.	318 Pollux.	418 Thésée.
119 Muet.	219 Signes.	319 Souffle.	419 Vie.
120 L'attente.	220 Dispersion.	320 Incredulité.	420 Messie.
121 Etna.	221 Géans	321 OEil.	421 Vulcain.
122 Armoiries.	222 Distinction.	322 Droits.	422 Titres.
123 Défaite.	223 Infériorité.	323 Joug.	423 Servitude.
124 Agriculture.	224 Imperfection.	324 Stabilité.	424 Torpeur.
125 Antiquité.	225 Arts.	325 Pape.	425 Rome.
126 Légèreté.	226 Gaîté.	326 Esprit.	426 Galanterie.
127 Ile.	227 Robinson.	327 Sauveur.	427 Vendredi.
128 Commerce.	228 Navigation.	328 Résistance.	428 Romains.
129 Inquisition.	229 Intolérance.	329 Mépris.	429 Obscurité.
130 Esprit saint.	230 Incarnation.	330 Mystère.	430 Virginité.
131 Haine.	231 Envie.	331 Prédilection.	431 Mauvais ménage.
132 Dames.	232 Fils.	332 Siège.	432 Volsques.
133 Astyanax.	233 Pyrrhus.	333 Regrets.	433 Sollicitations.
134 Lait.	234 Rémus.	334 Romulus.	434 Sauvage.
135 Accusation.	235 Hyppolite.	335 Monstre.	435 Neptune.
136 Air.	236 Eau.	336 Feu.	436 Terre.
137 Charmes.	237 Magie.	337 Meurtre.	437 Répudiation.
138 Grains.	238 Grenade.	338 Pluton.	438 Proserpine.
139 Absence.	239 Adorateurs.	339 Empêchement.	439 Ulysse.
140 Jean.	240 Luc.	340 Marc.	440 Matthieu.
141 Babylone.	241 Jérusalem.	341 Ninive.	441 Sodôme.
142 Anacréon.	242 Béranger.	342 Horace.	442 Pindare.
143 Catulle.	243 Ovide.	343 Properce.	443 Tibulle.
144 Bredequins.	244 Masque.	344 Momus.	444 Thalie.
145 Amant.	245 Belle.	345 Guitare.	445 Voix.
146 Exorde.	246 Narration.	346 Péroraison.	446 Refutation.
147 Cothurne.	247 Couronne.	347 Poignard.	447 Sceptre.
148 Homère.	248 Milton.	348 Le Tasse.	448 Virgile.
149 Accidens.	249 Bagues.	349 Chapelets.	449 St-Hubert.
150 Dieux.	250 Offrande.	350 Prières.	450 Vœux.
151 Démon.	251 Éternité.	351 Flammes.	451 Tourmens.
152 Chambre.	252 Pairs.	352 Pouvoir.	452 Respect.
153 Épitaphe.	253 Saule.	353 Tombe.	453 Vers.
154 Gulliver.	254 Petitesse.	354 Taille.	454 Voyages.
155 Fraîcheur.	255 Ombrage.	355 Silence.	455 Solitude.
156 Infirmier.	256 Malades.	356 Médecin.	456 Massue.
157 Boucher.	257 Corde.	357 Crochet.	457 Massue.
158 Course.	258 Disque.	358 Lutte.	458 Pugilat.
159 Doigt..	259 Insulte.	359 Populace.	459 Regards.
160 Confession.	260 Péchés.	360 Pénitence.	460 Resolutions.
161 Abattement.	261 Dégoût.	361 Risque.	461 Temerité.
162 Caractère.	262 Égalité.	362 Epreuves.	462 Tranquillité.
163 Consolation.	263 Époux.	363 Mariage.	463 Perte.
164 Enfantillages.	264 Importunité.	364 Lâcheté.	464 Mal.
165 Besoins.	265 Demandes.	365 Industrie.	465 Souhait.
166 Assistance.	266 Aumône.	366 Défense.	466 Hospitalité.
167 Ame.	267 Corps.	367 Jugement.	467 OEuvres.
168 Barreaux.	268 Cachot.	368 Chaînes.	468 Fletrissure.
169 Goutte.	269 Joues.	369 Mouchoir.	469 Paupières.
170 Charité.	270 Manteau.	370 Nudité.	470 Pauvre.
171 Alpes.	271 Cannes.	371 Poison.	471 Prusias.
172 Chevalier.	272 Peur.	372 Reproche.	472 Surnom.
173 Aveugle.	273 Dénûment.	373 Disgrâce.	473 Mendicité.
174 Moulins.	274 Moutons.	374 Rossinante.	474 Sancho.
175 Casque.	275 Dulcinée.	375 Epée.	475 Lance.
176 Camp.	276 Dot.	376 Prisonnière.	476 Rançon.
177 Barbarie.	277 Férocité.	377 Fléau.	477 Irruption.
178 Hector.	278 Páris.	378 Flèches.	478 Talons.
179 Liens.	279 Mer.	379 Pont.	479 Vanité.
180 Emblème.	280 Innocence.	380 Laine.	480 Tache.
181 Judith.	281 Lit.	381 Sac.	481 Tête.
182 Fermeté.	282 Foi.	382 Grandeur.	482 Retour.
183 Irrésolution.	283 Malheur.	383 Napoléon.	483 Roi.
184 Bosse.	284 Fables.	384 Malice.	484 Simplicité.
185 Beauté.	285 Fontaines.	385 Limpidité.	485 Miroir.
186 Croix.	286 Clous.	386 Epines.	486 Plaie.
187 Bourreau.	287 Forfaits.	387 Guillotine.	487 Terreur.

188 Inspiration.	288 Jeunesse.	388 Sexe.	488 Triomphe.
189 Arbre.	289 Branches.	289 Chevelure.	489 Mule.
190 Ailes.	290 Albâtre.	390 Douceur.	490 Roucoulement.
191 Effroi.	291 Gueule.	391 Repli.	491 Venin.
192 Corbeau.	292 Imitation.	392 Patte.	492 Toison.
193 Bâton.	293 Chardon.	393 Charges.	493 Rebut.
194 Amérique.	294 Chant.	394 Passant.	494 Raillerie.
195 Bonheur.	295 Fidélité.	395 Nœuds.	495 Union.
196 Courage.	296 Fierté.	396 Force.	496 Royauté.
197 Cruauté.	297 Dents.	397 Fourrure.	497 Moucheture.
198 Galop.	298 Hennissement.	398 Mord.	498 Selle.
199 Autres.	299 Laideur.	399 Nuit.	499 Ténèbres.
100 Goût.	200 Odorat.	300 Ouïe.	400 Vue.

Les moyens de retenir les dérivés qui appartiennent à chacun des 100 mots du tableau est de faire une formule qui contienne ces quatre dérivés dans l'ordre où ils se suivent.

FORMULES POUR LES DÉRIVÉS.

1   Les *transports* naissent, chez nous, à l'occasion de l'*indignation*, du *plaisir*, de la *peine*, ou de la *surprise*.

2   Les *nations* que la *civilisation* éclaire préfèrent à la *guerre* la *paix*, fruit d'une sage *politique*.

3   Qu'une *mère* est touchante dans ses *alarmes* pour *l'enfant* qui est l'objet de ses *soins* et de sa *tendresse !*

4   Pour faire goûter un *récit*, il faut à *l'étude* joindre le *génie* et plaire au *lecteur* par le *style*.

5   Un *lieu* suppose toujours un *espace* qui a des *limites* où un être puisse occuper une *place* et s'en faire un *séjour*.

6   Vous qui connaissez mon *chagrin*, qui entendez mes *gémissemens*, et qui voyez ma *maigreur*, si vous avez de la *sensibilité*, soyez touchés de mes *soupirs*.

7   Le *guerrier* qui fait craindre ses *armes* en combattant avec *bravoure*, se voit couronner des *lauriers* de la *victoire*.

8   Jadis, quand la *victime* au pied des *autels* avait succombé sous le *couteau*, on tirait de ses *entrailles des prédictions*.

9   Parmi les *bêtes* distinguons les *poissons* qui nagent, les *quadrupèdes* qui courent, les *reptiles* qui rampent, et les *volatiles*.

10   Le *fanatisme* fait naître cette *démence* qui, nourrie par les *jésuites*, fit un *assassin* de *Ravaillac*.

11   La *colère* s'exprime non-seulement par des *blasphèmes*, mais par des *coups;* à d'horribles *grincemens* elle joint de sales *injures.*

12   Le *dévouement* de *Codrus*, qui sous un *déguisement* provoqua la *mort,* sauva *Sparte.*

13   Selon moi, le plus grand *crime* est la *calomnie,* qui est un véritable *homicide ;* et la *trahison :* pire que le *vol.*

14   Plaignez la *folie* dont les *accès* font faire des *grimaces* à ce malheureux, et le rendent *le jouet* des enfans qu'amuse son *radotage.*

15   Ceux qu'*amour* a blessés après un premier *aveu* jurent de s'aimer avec *constance ;* mais *l'oubli* suit de près ces doux *sermens.*

16   C'est par *l'abnégation* que, faisant *abandon* de ses intérêts, l'homme humain n'écoute que son *désintéressement* pour porter *secours* à celui dont le malheur réclame ses *services.*

17   La *jalousie* a recours à la *médisance* et aux *embûches* pour perdre ceux sur qui elle a d'injustes *soupçons,* et contre qui elle veut exercer sa *vengeance.*

18   *L'héroïsme* autrefois mettait les hommes au rang des dieux : c'est ainsi qu'on honora *Hercule*, *Castor*, *Pollux* et *Thésée.*

19   L'homme, à *l'agonie* devenu *muet,* ne manifeste que par quelques *signes* un dernier *souffle* de *vie.*

20   Les *Juifs* sont dans *l'attente* du Sauveur depuis leur *dispersion,* dont la cause est, dit-on, leur *incrédulité* à la venue du *Messie.*

21   Les *Cyclopes* qui forgeaient dans *l'Etna* étaient des *géans* qui n'avaient qu'un *œil,* et dont le chef était *Vulcain.*

22   La *Castille* est un pays plein *d'armoiries,* c'est-à-dire de maisons de *distinction,* à cheval sur les *droits* et les *titres.*

23   La *Pologne,* après une *défaite* qu'elle ne pouvait éviter, vu son *infériorité,* subit de nouveau *le joug* de la *servitude.*

24   Les *Chinois* ne se distinguent que par *l'agriculture ;* le reste est dans une *imperfection* qu'explique leur esprit de *stabilité* dégénéré en *torpeur.*

25   Allez en *Italie,* vous qui aimez les *antiquités* et les beaux-arts ; vous y verrez aussi le *pape* à *Rome.*

26   Les *Français* sont heureux de leur *légèreté,* plaisent par leur *gaîté ;* enchantent par leur *esprit,* et se font aimer par leur *galanterie.*

27   En chassant les *Cannibales* de son *île*, *Robinson* fut le *sauveur* de *Vendredi*.

28   Les *Carthaginois*, puissans par leur *commerce* et l'habitude de la *navigation*, opposèrent une longue *résistance* aux *Romains*.

29   Tant que *l'Espagne* ne renoncera pas à *l'inquisition*, tribunal de *l'intolérance*, elle méritera de subir le *mépris* et *l'obscurité*.

30   *Marie* avec *l'Esprit-Saint* opéra *l'incarnation*, véritable *mystère*, puisqu'elle conserva sa *virginité*.

31   Entrez chez une *mégère*, s'il vous plaît de voir dans une mère cette *haine* et cette *envie* qui sont la suite d'une injuste *prédilection* et l'artisan d'un *mauvais ménage*.

32   *Véturie* à la tête des autres *dames* fléchit son *fils*, et seule put lui faire lever le *siége* et á se retirer chez les *Volsques*.

33   Est-il une position plus pénible que celle d'*Andromaque* entre *Astyanax* et *Pyrrhus*, retenue par les *regrets* et entraînée par les *sollicitations* ?

34   On peut dire que la *louve* qui donna son *lait* à *Rémus* et *Romulus*, était une mère *sauvage*.

35   *Phèdre* par son *accusation* criminelle livra *Hyppolite* au *monstre* envoyé par *Neptune*.

36   La *nature* offrait aux anciens 4 élémens, *l'air*, *l'eau*, le *feu* et la *terre*.

37   *Médée*, que n'enchaînais-tu ton époux par les *charmes* de ta *magie* plutôt que de venger par le *meurtre* ta *répudiation* !

38   Malheureuse *Cérès*, si elle n'avait pas mangé sept *grains* de grenade, à *Pluton* tu aurais arraché *Proserpine*.

39   *Pénélope*, dans *l'absence* de son époux, se serait donnée volontiers à quelqu'un de ses *adorateurs*, mais *l'empééhement* était le retour d'*Ulysse*.

40   La *révélation* a été écrite par *Jean*, *Luc*, *Marc* et *Matthieu*.

41   Les *prophéties* étaient des menaces contre les villes perverses, *Babylone*, *Jérusalem*, *Ninive* et *Sodôme*.

42   Les *odes* les plus intéressantes sont celles d'*Anacréon*, de *Béranger* et d'*Horace* ; les plus élevées, celles de *Pindare*.

43   *L'élégie* a immortalisé 4 poètes chez les Latins, *Catulle*, *Ovide*, *Properce*, et *Tibulle*.

44 La muse qui préside au théâtre de la bouffonnerie porte des *brodequins* dans ses pieds et un *masque* à la main ; *Momus* la suit ; on l'appelle *Thalie*.

45 Pour bien chanter une *romance*, il faut être *amant* et près de sa *belle*, et d'une *guitare* accompagner sa *voix*.

46 Un *plaidoyer* produit un bon effet, quand *l'exorde* en est flatteur, la *narration* claire, la *péroraison* touchante, et la *réfutation* solide.

47 La muse qui préside à la *tragédie* était représentée chaussée d'un *cothurne*, ayant une *couronne*, d'une main tenant un *poignard*, et de l'autre un *sceptre*.

48 Dans le genre de l'*Epopée* 4 poètes seulement ont réussi : *Homère*, *Milton*, le *Tasse*, et *Virgile*.

49 Les chanteurs de *complaintes* racontent dans les foires les *accidens* nouveaux et vendent des *bagues* et des *chapelets* de *Saint-Hubert*.

50 C'est dans un *temple* que les hommes adressent aux *dieux* leurs *offrandes*, leurs *prières* et leurs *vœux*.

51 Pécheurs, vous irez dans *l'enfer*, où le *démon* pendant une *éternité* vous fera endurer au milieu des *flammes* d'horribles *tourmens*.

52 Tout homme qui, au *Luxembourg*, entre dans la *chambre* des Pairs, à la vue du grand *pouvoir* doit être pénétré de *respect*.

53 L'orgueil habitera aussi le *sépulcre* , et n'aura pour ornement extérieur qu'un *épitaphe*, un *saule* et une *tombe* au dedans des *vers*.

54 *Lilliput* offrit à *Gulliver* un peuple d'une *petitesse* de *taille* telle qu'il n'en vit pas dans tous ses *voyages*.

55 Qu'il est doux dans un *bosquet* de goûter la *fraîcheur* de *l'ombrage* et de rêver dans le *silence* et la *solitude*.

56 Dans *l'hospice* , *l'infirmier* sert les *malades* ; ils sont guéris par le *médecin*, et consolé par les *sœurs*.

57 Dans un *abattoir* il faut un cœur de *boucher* pour mettre la *corde* à un être vivant, et pendre sa chair au *crochet* après l'avoir frappé de sa *massue*.

58 Les principaux jeux du *cirque* sont : la *course*, le *disque*, la *lutte*, et le *pugilat*.

59 Le misérable au *pilori* doit être mal à son aise quand il se voit

montré au *doigt* et chargé *d'insultes* par la *populace,* dont il ne peut supporter les *regards.*

60   La *contrition* est une des conditions de la *confession ;* ou de ses péchés il faut faire *pénitence* et prendre de sages *résolutions.*

61   Le *désespoir* plonge les uns dans *l'abattement* et le *dégoût,* aux autres il fait courir des *risques* en leur inspirant de la *témérité.*

62   Il n'y a de susceptible de *résignation* que les *caractères* doués de cette *égalité,* qui fait dans les plus terribl es *épreuves* que l'homme conserve sa *tranquillité.*

63   On dit que le *veuvage* n'est pas exempt de *consolation,* et que maint *époux* ne voit rien de mieux qu'un second *mariage* pour réparer sa *perte.*

64   Quoique les *jérémiades* ne soient que des *enfantillages,* elles ne laissent pas d'avoir de *l'importunité* chez ces gens dont la *lâcheté* souffre du moindre *mal.*

65   Les *privations,* en irritant nos *besoins,* nous forcent à bien des *demandes* pénibles ; mais aussi elles réveillent *l'industrie* tout en nous faisant former des *souhaits.*

66   La *compassion* pousse l'homme sensible à prêter son *assistance* au malheureux , à lui faire *l'aumône,* à prendre sa *défense* et lui accorder *l'hospitalité.*

67   Après la *séparation* de *l'âme* et du *corps,* celle-là doit subir un *jugement* selon ses *œuvres.*

68   L'infortuné qui gémit en *captivité,* retenu par d'affreux *barreaux,* plongé dans la nuit d'un *cachot* et chancelant sous le poids de sa *chaîne,* n'a pour perspective dans l'avenir que la honte de sa *flétrissure.*

69   Quand les *pleurs* à grosses *gouttes* inondent les *joues,* on prend son *mouchoir* et on frotte sa *paupière.*

70   *Saint-Martin,* on admire ta *charité* quand on te voit couper ton *manteau* pour couvrir la *nudité* d'un *pauvre.*

71   *Annibal,* fameux par son passage des *Alpes* et la bataille de *Cannes,* mourut du *poison* chez *Prusias.*

72   *Bayard,* de *chevalier* sans *peur* et sans *reproche* mérita le glorieux *surnom.*

73   *Bélisaire aveugle* et dans un affreux *dénûment,* après sa *disgrâce,* fut réduit à la *mendicité.*

74   Qui ne rirait en entendant *Dom Quichotte*, pour aller combattre des *moulins* et des *moutons*, animant *Rossinante* et gourmandant *Sancho* ?

75   Voulez-vous connaître un *troubadour*, regardez cette figure cachée sous un *casque*, jurant, par sa *dulcinée*, contre les ennemis de signaler son *épée* et de briser sa *lance*.

76   *Scipion*, dans son *camp*, ajouta à la *dot* de sa *prisonnière* sa *rançon*.

77   *Attila*, dans le temps de *barbarie*, se qualifiant par *férocité* de *fléau* de Dieu, se fit un nom par ses *irruptions*.

78   Quand *Achille* eût tué *Hector*, *Páris* vengea son frère en lançant au héros grec une *flèche* au *talon*.

79   Quand *Xercès* charge de *liens* la *mer* pour avoir brisé son *pont* de bateaux, j'admire sa *vanité*.

80   *L'agneau* fut-il pris comme *emblème* de *l'innocence*, ou est-ce à cause de sa *laine* qu'il est appelé sans *tache* ?

81   *Holopherne* fut tué par *Judith*, qui laissa le tronc dans le *lit* et mit dans un *sac* la *tête*.

82   Il fallait à *Régulus* de la fermeté pour ne pas manquer à sa *foi*, et déployer tant de *grandeur* dans son *retour* à *Carthage*.

83   *Ney*, ton irrésolution causa ton *malheur* ; tu devais rester fidèle ou à *Napoléon* ou au *roi*.

84   *Ésope*, malgré sa *bosse*, a fait des *fables* pleines de *malice* et de *simplicité*.

85   *Narcisse* devint amoureux de sa *beauté*, après s'être vu dans une *fontaine* dont la *limpidité* lui fournit un beau *miroir*.

86   Le *Christ* mourut sur une *croix*, des clous percèrent ses *mains*, sa tête fut couronnée d'épines, et son flanc montrait une large *plaie*.

87   On vit enfin *Robespierre*, ce *bourreau* pétri de *forfaits*, tomber sous la *guillotine* avec laquelle il répandait la *terreur*.

88   Détracteurs de *Jeanne d'Arc*, mettez à part son inspiration, considérez sa *jeunesse* et son *sexe*, et vous applaudirez à son *triomphe*.

89   *Absalon*, tu vois cet *arbre*, prends garde à ses *branches* et à ta *chevelure* ; arrête ta *mule*.

90   Je ne sais si la céleste colombe à ses *ailes d'albâtre* joignait la *douceur* du *roucoulement*.

91   Qu'un *boa* doit inspirer *d'effroi* quand il ouvre sa *gueule*, qu'il roule le *repli* de son corps et prépare son *venin*.

92   A la vue de *l'aigle*, le *corbeau* par *imitation* voulut enlever une *brebis*, mais ses pattes furent retenues dans sa *toison*.

93   *L'âne* toujours caressé du *bâton*, vivant de *chardons* et succombant sous des *charges* pénibles, ne semble-t-il pas le *rebut* de la nature?

94   Le *moqueur*, oiseau *d'Amérique*, a un chant qui semble aux *passans* une *raillerie*.

95   De la *tourterelle* vous qui enviez le *bonheur*, imitez sa *fidélitè*, et reserrez sans cesse les *nœuds* de votre *union*.

96   Si le *lion* règne sur les animaux, c'est autant à son *eourage* qu'à la *fierté* et à sa *force* qu'il doit sa *royauté*.

97   Du *tigre* je redoute la *cruauté*, et j'aime moins voir ses *dents* que la *fourrure* belle de sa *moucheture*.

98   Le *cheval* indompté effraie par son *galop*, et exprime sa fougue par son *hennissement*. Bien hardi celui qui le monterait sans *mors* et sans *selle!*

99   Le *hibou* n'habite que les *antres* obscurs, et semble vouloir eacher sa *laideur* dans la *nuit* et les *ténèbres*.

100 Chaque *sens* éprouve ses jouissances, mais on peut dire que celles du *goût* et de *l'odorat* sont plus terrestres que celles de *l'ame* et de la *vue*.

SÉRIE DE 500 POINTS DE RAPPEL,

PAR ORDRE ALPHABÉTIQUE.

Souhaits	465	Transport	1
Soupçons	317	Triomphe	488
Soupir	406	Troubadour	75
Sparte	412		
Stabilité	524	**U.**	
Style	404		
Surnom	472	Ulysse	439
Surprise	401	Union	495
T.		**V.**	
Tache	480	Vanité	479
Taille	354	Vendredi	427
Talon	478	Vengeance	417
Tasse (Le)	348	Venin	491
Témérité	461	Vers	453
Temple	50	Véturie	32
Tendresses	403	Veuvage	63
Ténèbres	499	Victime	8
Terre	436	Victoire	407
Terreur	487	Vie	419
Tête	481	Virgile	448
Thalie	444	Virginité	430
Thésée	418	Vœux	450
Tibulle	443	Voix	445
Tigre	97	Vol	413
Titre	422	Volatiles	409
Toison	492	Volsques	432
Tombe	353	Voyages	454
Torpeur	424	Vue	400
Tourment	451	Vulcain	421
Tourterelle	95		
Tragédie	47	**X.**	
Trahison	313		
Tranquillité	462	Xercès	79

Si nous cherchons un synonyme à chacun des mots de rappel du tableau ordinaire, nous en aurons un nouveau composé de 200 idées. Si nous cherchons aussi une idée opposée à chacun de ces mêmes mots du tableau primitif, nous obtiendrons le même résultat, ce qui nous fera deux tableaux de 200 points.

TABLEAU DE 200 POINTS DE RAPPEL

PAR LES SYNONYMES ET OPPOSÉS.

Synonymes.	*Opposés.*
101 Exaltation.	101 Insouciance.
102 Peuple.	102 Horde.
103 Nourrice.	103 Père.
104 Narration.	104 Silence.
105 Endroit.	105 Vide.
106 Peine.	106 Joie.
107 Combattant.	107 Magistrat.
108 Holocauste.	108 Sacrificateur.
109 Animal.	109 Homme.
110 Intolérance.	110 Lumière.
111 Fureur.	111 Douceur.
112 Sacrifice.	112 Egoisme.
113 Forfait.	113 Innocence.
114 Démence.	114 Raison.
115 Douleur.	115 Santé.
116 Désintéressement.	116 Avarice.
117 Envie.	117 Bienveillance.
118 Courage.	118 Lâcheté.
119 Défaillance.	119 Vigueur.
120 Israelites.	120 Philistins.
121 Titans.	121 Nains.
122 Vénitiens.	122 Cosaques.
123 Lanciers.	123 Russes.
124 Asie.	124 Tartarie. (Situation géographique.
125 Lavinie.	125 Sicile. *Id.*
126 Gaule.	126 Angleterre.
127 Anthropophages.	127 Américains... Peuples dont la douceur contrastait d'une manière si sensible avec la dureté de ceux qui les soumirent.
128 Noirs.	128 Blancs.
129 Ibériens. (Nom des anciens habitans de l'Espagne.	129 Portugais. (Situation géographique.
130 Vierge.	130 Concubine.
131 Marâtre.	131 Amante.
132 Cornélie.	132 Messaline.

154 Gargotte.

155 Bocage.
156 Invalide (Hotel des).
157 Champ de bataille.
158 Arène.

159 Carcan.
160 Repentir.
161 Extrémité.
162 Patience.
163 Abandon.
164 Lamentations.
165 Besoins.
166 Pitié.
167 Absence.
168 Esclavage.
169 Larmes.
170 Godefroy.
171 Alexandre.
172 Turenne.
173 Darius.
174 Tyrtée.
175 Chevalier.

176 César.

177 Cambyse.
178 Renaud.
179 Bajazet.
180 Mouton.
181 Goliath.
182 Dassas.
183 de Trenck.
184 Sardanapale.
185 Gilbert.

186 Codrus.
187 Marat.
188 Clorinde.
189 Tantale.
190 Pigeon.

---

qui finissent de vivre ; à la Maternité, ceux qui commencent.

154 Terre-de-feu... dont les habitans sont grands de taille.

155 Champ-clos.
156 Tauride.
157 Cocagne.
158 Casemate... où la crainte chasse plus d'un lâche, pendant le siége d'une ville.

159 Trône.
160 Récidive.
161 Espérance.
162 Faiblesse.
163 Mariage.
163 Abondance.
165 Allégresse.
166 Insensibilité.
187 Réunion.
168 Liberté.
169 Rire.
170 Julien (l'apostat).
171 Fabius.
172 Ecuyer.
173 Bernadotte.
174 Murat.
175 Hyppolite.... qui préféra long-temps la chasse à l'amour.

176 Sylla... qui ne pardonna à personne.

177 Henri-le-Grand.
178 Hector... ennemi d'Achille.
179 Thémistocle.
180 Judas.
181 Judith.
182 Tibère.
183 Martyr.
184 Philoctète.
185 Image... Puisque Narcisse se mirait sans cesse, c'était son image qui lui était opposée.

186 Hérode.
187 Charlotte Corday.
188 Anglais.
189 Chêne... *opposita currenti*.
190 Epervier.

191 Devin.

191 Puce... On dit trivialement de quelqu'un qui n'est pas à craindre : Tu n'es pas plus fort qu'une puce.

192 Paon.

192 Lis.

193 Mulet.

193 Epagneul... Comment, disait-il (l'âne), en son âme :

Ce chien, parce qu'il est mignon,
Vivra de pair à compagnon
Avec Monsieur, avec Madame,
Et j'aurai des coups de bâton.

194 Tortue.

124 Colibri.

195 Rossignol... *Qualis populeâ mœrens philomela sub umbrá.*

195 Singe... Animal dont les prouesses peuvent faire croire de lui qu'il est un des animaux les plus gais.

196 Chien.

196 Chat.

197 Panthère.

197 Biche.

198 Rennes.

198 Lièvre... Animal timide.

199 Crapaud.

199 Faisan.

200 Organe.

200 Objet...Nos sens sont affectés par tout ce qui leur est opposé au dehors.

Nous n'avons pas prétendu trouver des synonymes précisément exacts pour chaque mot. C'eût été impossible ; la difficulté est encore plus grande pour les opposés. Mais, donnant à l'idée de synonymie toute extension, ainsi qu'à celle d'opposition, nous avons satisfait à la première, en prenant pour un personnage quelconque, par exemple : un autre personnage ressemblant au premier par la condition, le caractère ou la conduite. Nous avons pris idylle pour élégie, quoique ces deux mots ne soient nullement synonymes ; mais il y a dans l'idylle beaucoup de la mélancolie qui se mêle aux lamentations de l'élégie... Nous avons satisfait à la seconde, en regardant comme opposés deux personnages ennemis ; deux pays, situés vis-à-vis l'un de l'autre ; deux êtres, différant essentiellement par leurs effets. Il y a encore une foule de moyens de multiplier les tableaux de points de rappel. Nous les indiquerons à la fin de nos leçons, comme quelque chose de curieux pour les élèves, nos tableaux pouvant leur suffire.

EXERCICES

A FAIRE SUR LA QUATRIÈME LEÇON.

Faire des phrases avec les mots suivans.

1ʳᵉ Poésie — sentiment — bonheur — peine — désirs — émotion — cœur — étude — conception.

2ᵐᵉ Délicatesse — pinceau — *Parny* — préposition — style — idée harmonie — expression — élégie — modèle — perfection — sentiment — vrai.

SOLUTION DES EXERCICES PROPOSÉS DANS LA TROISIÈME LEÇON.

Premier.

Hardes.	Guide.
Arène.	Guinée.
Armée.	Gui moins.
Arrière.	Gui heureux.
Art loué.	Jatte.
Arche.	Jeanne.

Second.

Complainte.   âne.   de cuisine.

Les *complaintes* sont du français *d'âne*, comme le latin de Molière est du latin *de cuisine.*

Cérès   rimes   bossu   trop fameux.

Cérès n'aurait eu ni *rime* ni raison de refuser ses dons au fabuliste *Bossu ;* car il était *trop fameux.*

Troisième.

Vous qui venez dans ce *bocage*,
A mes *rameaux* qui vont fleurir
Gardez-vous bien de faire *outrage*,

Respectez mon jeune *feuillage*,
Il a protégé le *plaisir*.

Aujourd'hui, cette triste *Rome*
Arme d'*agnus* ses *fantassins*,
Et l'on y fait encore des *saints*
Ne pouvant plus y faire un *homme*.

L'amour est à *la vie* ce que les *vents* sont à la *mer*; ils causent souvent des *tempêtes* et des *naufrages*, mais ce sont eux qui la rendent *navigable*.

Quatrième.

En apprenant la mort de César, le *matelot* auquel il vantait jadis sa fortune put *rire*.

A la mort de Phocion, aurais-tu *ri*? non, non. En pareil cas il est déplorable de voir le *monde gai*.

CINQUIÈME LEÇON.

BOTANIQUE. — GÉOGRAPHIE.

Système de Jussieu.

Dans ce système, on comprend les êtres végétaux dans trois grandes divisions, contenant chacune un certain nombre de classes sous-divisées en plusieurs familles.

Il faut donc mnémoniser :

1er Les trois grandes divisions, en exprimant leur nom, le nombre de classes qu'elles contiennent, et le no d'ordre de la première.

La première grande division est celle des acotylédones ; elle renferme une classe, commençant au n° 1. Ces deux chiffres 1 et 1, séparés par un 0, formeront un nombre dont les articulations donneront un mot que nous ferons entrer dans sa formule. Ainsi pour toutes les formules nous séparerons par un zéro le nombre des classes qui sera le premier du n° d'ordre, et la première classe qui sera le dernier, de sorte que, 502 signifiera trois classes, commençant au n° 2. Nous prendrons une analogie phonique pour le nom de la division.

CLASSIFICATION GÉNÉRALE.

GRANDES DIVISIONS.	Numéro de la classe.	Nombre de familles de chaque classe.	Numéro de la première famille de chaque classe dans la liste de 164 familles.	CARACTERE GÉNÉRAL de chaque classe.
Plantes *acotylédones.* 1re classe commençant au n° 1.	1	11		Acotylédonie.
Plantes *nonocotylédones.* 3e classe commençant au n° 2.	2	7	12	Monohypogynie.
	3	13	19	Monopérigynie.
	4	10	32	Monoépigynie.
Apétales. 3e classe commençant au n° 5	5	1	42	Epistaminie.
	6	9	43	Péristaminie.
	7	4	52	Hypostaminie.
Monopétales. 4e classe commençant au n° 8.	8	20	56	Hypocorollie.
	9	10	76	Péricorollie.
	10	4	86	Epicorollie synantherie
	11	5	90	Epicorollie corysanthérie.
Polypétales. 3e classe commençant au n° 12.	12	2	95	Epipétalie.
	13	38	97	Hypopetalie.
	14	21	135	Péripétalie.
Dictines irrégulières. 1re classe commençant au n° 15.	15	9	156	Dictinie.

(Plantes Dycotylédones. 11e classe commençant au n° 15.)

FORMULES.

Ecoutez donc ces poésies, ce sont *des odes.*

Mon eau compte donc pour quelque chose, disait une fontaine à des gens qui *moissonnaient.*

Dis qu'on te les donne ces liqueurs, si tu as le désir *de te saouler.*

Ce piano *à pédales* sonore fait de l'effet dans *ma salle.*

Ma nappe étalée sur votre table n'aurait servi à *rien sans vous.*

La *poule huppée* de ma basse-cour nous fera un bon *mets à dîner.*

Dès que les nids voient éclore les petits oiseaux ; les arbres partout commencent *de se tailler.*

Nous ferons, d'après la même règle, des formules pour rappeler le nombre des familles contenues dans chaque classe, et le n° d'ordre de la première, et le nom de la classe.

FORMULES POUR LES CLASSES.

Pour point de rappel, nous avons pris le nom de personnages qui soient en rapport avec les quinze premiers mots de notre tableau, qu'il aurait fallu, sans cela, employer deux fois dans la même leçon.

La Sybille (qui était dans les transports en rendant ses oracles, 1re classe), ne pouvant venir à bout *de décider* Tarquin, brûle une partie de ses livres, et le force à prendre le reste, qui aussi cher lui a *coûté.*

Le conquérant (auquel sont soumises plusieurs nations), dit la Renommée, doit savoir qu'il faut *qu'on se tienne* au plus haut degré pour être vanté par *ma bouche.*

Eve (mère des mères) voyait de son temps bien peu *de maisons debout* et peu de *mariages.*

L'historien (personnage du récit), rencontrant des faits trop connus, peut dire : *Tout ceci m'ennuie,* je connais cela comme *ma poche.*

L'habitant (personnage d'un lieu) de la Laponie fait commerce *de ses rennes* ; plus il en a, plus il est *puissant.*

Héraclite (personnage du chagrin) jamais de courage n'a *pu s'armer* ; si tous les hommes étaient comme lui, il y en aurait bien peu qui *rissent.*

Mars (Dieu des guerriers) et Vénus resserraient, sur un *rosier, le nœud* de l'amour par un *baiser.*

Le sacrificateur (qui immole les victimes) *sait, sous sa hache,* faire mourir un *bouc.*

Buffon (personnage des bêtes) avait beaucoup *de ce sans quoi je* prétends que ses ouvrages auraient été relégués dans quelque *recoin*.

Séide (personnage fanatisé), tuant son père d'un *air sauvage*, est un exemple des crimes que l'erreur *peut causer*.

Le méchant (personnage de la colère), avant que sa colère *se passe*, ne donne *pas qu'un coup*.

Codrus (personnage du dévouement), dont l'existence était *nuisible* à son armée, se fit tuer par un coup de *pointe*.

Le scélérat (personnage du crime), qu'une bête *mauvaise a piqué*, ne vaut pas mieux que cette *bête*.

Le fou (personnage de la folie) a besoin *d'une dose d'émollient* pour que son accès *s'arrête*.

Job (personnage de la souffrance) de son fumier *peut se déloger*, pour éviter le froid quand le soleil *décline*.

LISTE DES FAMILLES.

1ʳᵉ **SECTION.**	2ᵐᵉ **SECTION.**	5ᵐᵉ CLASSE.
Plantes acotylédones.	Plantes monocotylédones.	*Monopérigynie.*
1ʳᵉ CLASSE.	2ᵐᵉ CLASSE.	19 *Palmiers.*
		20 Asparaginées.
1 Algues.	*Monohypogynie.*	21 Restiacées.
2 Champignons.		22 Jonchées.
3 Hypoxylées.	12 Fluviales.	23 Commelinées.
4 Lichens.	13 Saururées.	24 Alismacées.
5 Hépatiques.	14 Pipéritées.	25 Bertoniées.
6 Mousses.	15 Aroïdées.	26 Juncaginées.
7 Lycopodiacées.	16 Typhinées.	27 Colchicées.
8 Fougères.	17 Cypéracées.	28 Liliacées.
9 Characées.	18 Graminées.	29 Broméliacées.
10 Equisétacées.		30 Asphodelées.
11 Salviniées.		31 Hémérocallidées.

4me CLASSE.

Monoépigynie.

32 Dioscorées.
33 Narcissées.
34 Iridées.
35 Hémodoracées.
36 Musacées.
37 Amomées.
38 Orchidées.
39 Nymphéacées.
40 Hydrocharidées.
41 Balanophorées.

3me **SECTION**.

Plantes dicotylédones.

§ I. APÉTALES.

5me CLASSE.

Epistaminie.

42 Aristolochiées.

6me CLASSE.

Péristaminie.

43 Osyridées.
44 Myrobolanées.
45 Eleagnées.
46 Thymélées.
47 Protéacées.
48 Laurinées.
49 Polygonées.
50 Bégoniacées.
51 Atriplicées.

7me CLASSE.

Hypostaminie.

52 Amarantacées.
53 Plantaginées.
54 Nyctaginées.
55 Plumbaginées.

§ II. MONOPÉTALES.

8me CLASSE.

Hypocorollie.

56 Primulacées.
57 Lentibulariées.
58 Rhinanthacées.
59 Orobanchées.
60 Acanthacées.
61 Jasminées.
62 Pédalinées.
63 Verbénacées.
64 Myoporinées.
65 Labiées.
66 Personnées.
67 Solanées.
68 Borraginées.
69 Convolvulacées.
70 Polémoniacées.
71 Bignoniacées.
17 Gentianées.
73 Apocinées.
74 Sapotées.
75 Ardiliacées.

9me CLASSE.

Péricorollie.

76 Ebénacées.
77 Klénacées.
78 Rhodoracées.
79 Epacridées.
80 Ericinées.
81 Campanulacées.
82 Lobéliacées.
83 Gesnériacées.
84 Stylidiées.
85 Goodenoviées.

10me CLASSE.

*Épicorollie corisanthé-
rie.*

86 Chicoracées.

87 Cinarocéphale.
88 Corymbifères.
89 Calycérées.

11me CLASSE.

*Épicorollie corisanthé-
rie.*

90 Dypsacées.
91 Valériacées.
92 Rubiacées.
93 Caprifoliacées.
94 Loranthées.

§ III. POLYPÉTALES.

12me CLASSE.

Epipitalie.

95 Araliacées.
96 Ombellifères.

13me CLASSE.

Hypopétalie.

97 Renonculacées.
98 Papavéracées.
99 Fumariacées.
100 Crucifères.
101 Capparidées.
102 Sapindacées.
103 Acérinées.
104 Hippocratées.
105 Malpighiacées.
106 Hypéricées.
107 Guttifères.
108 Olacinées.
109 Oranthiacées.
110 Ternstromiées.
111 Théacées.
112 Méliacées.
113 Vinifères.
114 Géraniacées
115 Malvacées.
117 Buttnériacées.

117 Magnoliacées.	**14me CLASSE.**	152 Légumineuses.
118 Dilléniacées.		153 Térébinthacées.
119 Ochnacées.	*Péripétalie.*	154 Pittosporées.
120 Simaroubées.		155 Rammées.
121 Anonacées.	135 Paronychiées.	
122 Ménispermées.	136 Portulacées.	§ IV. DICLINES IRRÉGU-
123 Berbéridées.	137 Saxifragées.	LIÈRES.
124 Hermaniées.	138 Cunoniacées.	
125 Tiliacées.	139 Crassulées.	
126 Cistées.	140 Opuntiacées.	**15me CLASSE.**
127 Violariées.	141 Ribésiées.	
128 Polygalées.	142 Loasées.	*Diclinies.*
129 Diosmées.	143 Ficoïdées.	
130 Rutacées.	144 Cercodiènes.	156 Euphorbiacées.
131 Caryophyllées.	145 Onagraires.	157 Cucurbitacées.
132 Trémandrées.	146 Mirthées.	158 Passiflorées.
133 Linacées.	147 Mélastomées.	159 Myristicées.
134 Tamariscinées.	148 Lythraires.	160 Urticées.
	149 Rosacées.	161 Monimiées.
	150 Calycanthées.	162 Amenthacées.
	151 Blanckwéliacées.	163 Conifères.
		164 Cicadées.

Pour chaque famille il faudra faire une phrase commençant par un point de rappel et se terminant par l'analogie-phonique du nom de la famille.

FORMULES POUR LES 11 PREMIÈRES FAMILLES.

Qui, dans un *transport* d'indignation, ne dirait en voyant un brigand : *Ah! le gueux?*

Il est des *nations* où l'on ne mange pas de *champignons.*

Une mère dit, en voyant à son fils une *lippe, ah! que c'est laid!*

Un *récit* impie nous porte à jurer aux *reliques haine.*

On voit toujours dans le même *lieu* l'homme *apathique.*

Ce n'est pas sans *chagrin* que je me verrais *mousse.*

Pour faire du feu, il est rare qu'un guerrier à qui au bivouac on donne *les copeaux dise assez.*

Combien d'insectes sont *victimes* quand on foule la *fougère.*

Oh! la vilaine *bête* qu'un *chat harassé!*

Pour éviter les erreurs du *fanatisme*, il faut assez savoir ; *eh qui sait assez ?*

Les rois , dans leur *colère*, font faire à l'artillerie plus d'une *salve ignée*.

On n'a mentionné dans ces formules que deux particularités , le numéro d'ordre et le nom de la famille ; on conçoit qu'en les faisant un peu plus compliquées , on aurait pu , au moyen de certaines articulations, exprimer quelques-unes des propriétés de chaque plante.

N. B. Comme il se trouve plusieurs termes répétés souvent dans les noms des classes , tels que , *péri* , *mono* , *épi* , etc. , nous les avons représentés par les articulations suivantes :

Mono	*M.*	Gynie	*j.*
Epi	*P.*	Corollie	*k.*
Hypo	*B.*	Corisanthérie.	*k.*
Péri	*R.*	Synanthérie.	*s.*
(*P* se trouvant déjà		Staminie.	*s.*
employé pour *épi.*)		Pétalie	*t.*
		(**Même** raison que	
		que pour *péri.*)	

K et *S* , signifiant corisanthérie et synanthérie , sont toujours employés comme troisièmes articulations dans le nom général de la classe. C'est ce qui les distingue.

On pourrait de même faire application à toutes les sciences naturelles , qui offrent de nombreuses classifications. Nous donnerons encore, pour exemple , le classement des corps simples dans la chimie.

Cette science, qui s'occupe de la décomposition des corps en leurs élémens simples , a dû trouver ces élémens que l'on appelle corps simples, et les classer. C'est cette série que nous nous proposons de retenir. Ils se suivent dans leur ordre d'affinité pour l'oxigène , c'est-à-dire que le plus combustible sera le premier. L'oxigène, qui est le terme de comparaison, sera *zéro*. Il n'est donc pas nécessaire de le mnémoniser.

TABLE DES CORPS SIMPLES.

Corps non métalliques.

0 Oxigène.	5 Soufre.
1 Hydrogène.	6 Sélénium.
2 Bore.	7 Iode.
3 Carbone.	8 Chlore.
4 Phosphore.	9 Azote.

Corps métalliques.

10 Silicium.	31 Columbium.
11 Zirconium.	32 Antimoine.
12 Thorinium.	33 Urane.
13 Aluminium.	34 Cerium.
14 Yttrium.	35 Cobalt.
15 Glucinium.	36 Cadmium.
16 Magnesium.	37 Titane.
17 Calcium.	38 Bismuth.
18 Strontium.	39 Cuivre.
19 Barium.	40 Tellure.
20 Lithium.	41 Nickel.
21 Sodium.	42 Plomb.
22 Potassium.	43 Mercure.
23 Manganèse.	44 Osmium.
24 Zinc.	45 Argent.
25 Fer.	46 Rhodium.
26 Etain.	47 Palladium.
27 Arsenic.	48 Or.
28 Molybdène.	49 Platine.
29 Chrôme.	50 Iridium.
30 Tungstène.	

Il faudra, pour mnémoniser cette série, remplacer les mots les moins communs par des analogies phoniques, et faire pour chacun une formule commençant par un point de rappel et se terminant par le mot ou les mots représentant le corps dont il s'agit.

FORMULES POUR LES TROIS PREMIERS.

1 Quel *transport* de frayeur ne nous saisirait pas à la vue d'une *hydre !*

1 Vive la *nation* qui de la Seine habite les bords !

3 On ne peut pas dire d'une *mère*, que pour son fils elle n'est *qu'au quart bonne.*

D'après la manière dont ces corps sont classés , on pourra toujours répondre, à coup sûr, si tel corps est plus combustible que tel autre , si tel métal fond plus vite que tel autre métal.

GÉOGRAPHIE.

Moyen de mnémoniser le cours d'un fleuve , la direction d'une vallée , d'une chaîne de montagnes.

Il faut , pour cela , retenir la correspondance , que nous allons établir entre la direction des huit points cardinaux et les articulations du casier primitif, l' *l* excepté. Voici un tableau de la rose des vents qui offre une puissante ressource pour retenir ces rapports.

N E	N	N E
O		E
S O	S	S E

On voit que le nord répond à *n ;* il répondra aussi, par convention , à *s ç z* , articulations supérieures.

Le nord–ouest répond à		*t. d.*
Le nord–est	à	*m.*
L'ouest	à	*r.*
L'est	à	*j. ch. g.*
Le sud–ouest	à	*q. k. c. gu.*
Le sud	à	*f. v.*
Le sud-est	à	*b. p.*

Je suppose maintenant qu'on ait trouvé, pour un fleuve, les directions suivantes :

Est—Sud-Ouest—Ouest—Sud-Ouest—Ouest—Nord-Est—Ouest.

E — SO — O — SO — O — NE — O.

qui donnent les articulations

ja — *pe* — *re* — *que* — *re* — *me* — *re*.

On fera avec ces articulations une phrase, observant que, l'articulation *le* ne comptant pour rien, on peut l'intercaler sans nuire à la formule. Ici on pourra faire cette phrase :

J'ai parcouru les mers,

dans laquelle la syllabe *les* n'est employée que pour le sens.

Maintenant on peut se proposer de retenir les capitales des principaux États, avec les latitudes et longitudes.

CAPITALES.	ÉTATS.	LAT. ET LONG.		POPULATIONS.
Paris,	France,	48°	0'	900,000
Vienne,	Autriche,	48	14	226,000
Pétersbourg,	Russie,	59	28	285,000
Constantinople,	Turquie,	41	26	900,000
Londres,	Angleterre,	51	2	1,129,000
Madrid,	Espagne,	40	6	200,000
Lisbonne,	Portugal,	38	11	250,000
Rome,	Etats de l'église	41	10	154,000
Bruxelles,	Belgique,	50	2	80,000
Stuttgard,	Wurtemberg,	48	6	60,000
Munich,	Bavière,	48	9	60,000
Copenhague,	Danemarck,	55	10	105,000
Stockholm,	Suède,	59	15	65,000
Turin,	Sardaigne,	45	5	390,000
Naples,	Deux-Siciles,	40	10	358,000
Dresde,	Saxe,	51	11	45,000
Berlin,	Prusse,	52	11	192,000

Comme la latitude se compte à partir de l'équateur pour aller au pôle, au-dessus et au-dessous du globe, et que la circonférence de la terre est divisée en 360 degrés, de l'équateur au pôle, c'est-à-dire, dans la longueur du quart de la circonférence, il n'y a que 90 degrés : ce qui devient plus sensible par la figure suivante.

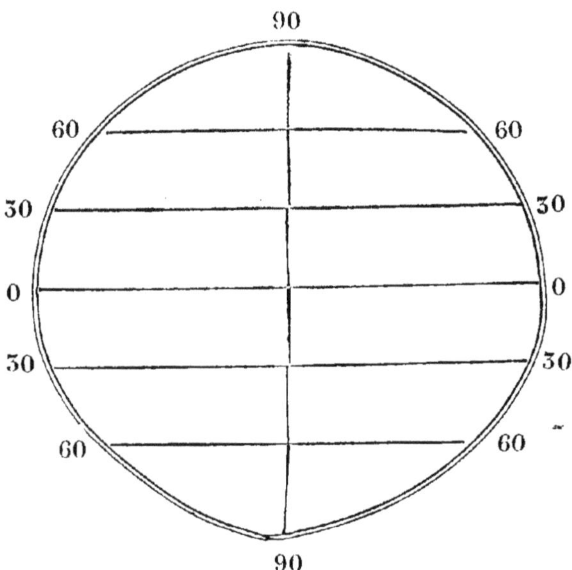

La latitude ne sera donc jamais exprimée par plus de deux chiffres.

D'après cette remarque, plaçant la longitude à côté de la latitude, nous conviendrons que les deux premiers chiffres du nombre formé par cette réunion représenteront la latitude, et que le reste sera la longitude. Nous plaçons la latitude la première, parce qu'ainsi le veut l'ordre alphabétique.

Pour mnémoniser la série des capitales précédentes, on fera pour chacune une formule où l'on fera entrer le nom de l'État et celui de la capitale, en les remplaçant par des analogies-phoniques, si on le juge à propos. La formule contiendra, en outre, le mot ou les mots dont les articulations doivent exprimer la latitude et la longitude, et se terminera par un autre mot donnant la population. Cette population étant exprimée par des nombres tous terminés par trois *zéros*, on peut les supprimer. Les deux premiers chiffres indiqueront la latitude et le ou les suivans, la longitude.

FORMULES.

Paris et toute la *France* est un pays *ravissant* qui n'est pas dans une tranquille *position*.

Viennent, disent les Suisses, les soldats de l'*Autriche* pour se faire *refendre*, ils mourront dans *nos neiges*.

Le cabinet de *Saint-Pétersbourg*, en *Russie*, n'a pas pour lui *la bonne foi;* chaque jour il fait des fautes *nouvelles*.

A *Constantinople*, le Turc court risque de voir son *roi dénicher*, car sa puissance *peut cesser*.

A *Londres*, beaucoup *d'Anglais* voudraient aller en *Lithuanie;* pour secourir les Polonais, ils quitteraient la *douce Tamise*.

A *Madrid*, les Espagnols n'ont pas un *roi sage*, quoiqu'il soit noble de *naissance*.

Lisbonne, capitale du Portugal, est sous la tyrannie d'un m*auvais têtu* qui accable ce pays par sa *malice*.

Rome, qu'on nomme encore *l'État de l'Eglise*, est entouré de pays où les cris de liberté *retentissent*, et qui font trembler le pape dans sa *demeure*.

A *Bruxelles* et dans toute la *Belgique*, chacun voit que la conférence *lésine;* ce peuple est pour nous un bon *voisin*.

A *Stuttgard* et dans tout le *Wurtemberg*, où la liberté allemande semble chercher un *refuge*, si le roi soutient son peuple, il ne sera pas *chassé*.

A *Munich*, on aime beaucoup le roi de *Bavière;* mais le peuple peut haïr son *roi avant peu* s'il veut en courir la chance.

Après avoir pris *Copenhague*, les Anglais commandent au *Danemarck;* ce sont eux qui envoient *l'altesse* qui gouverne ce pays *désolé*.

A *Stockholm*, celui qui règne sur la *Suède* fait *le patelin;* il trahit son maître après l'avoir *enjôlé*.

A *Turin*, si la *Sardaigne* n'a pas un *roi loyal*, pourquoi le laisse-t-on *biaiser?*

A *Naples*, après la révolution dans *les Deux-Siciles*, on ne vît qu'*arrestations*; à présent le roi est un peu *moins méfiant*.

Pour savoir que *Dresde* est *Saxe*, et connaître sa *latitude*, il n'est pas besoin de recourir à l'almanach *royal*.

Si les habitans de *Berlin* quittent la Prusse pour nous envahir, ceux qui sur la *ligne attendent*, nous les ferons changer *d'opinion*.

On suivra la même règle pour la mnémonisation des départemens de la France, c'est-à-dire qu'on remplacera le nom du département et du chef-lieu par des analogies-phoniques. On retranchera trois *zéros* du nombre qui exprime la population du département et celle du chef-lieu, et on fera avec ces données, y compris le mot de rappel, quatre-vingt-six phrases, observant l'ordre ci-dessous indiqué :

Mot de rappel. Départemens, populations, chefs-lieux, populations.

TABLE DES DÉPARTEMENS

	Départemens.	Population.	Chefs-Lieux.	Population
1	Ain,	342,000	Bourg,	8,000
2	Aisne,	490,000	Laon,	7,000
3	Allier,	285,000	Moulins,	14,000
4	Alpes (Basses-),	153,000	Digne,	4,000
5	Alpes (Hautes-),	125,000	Gap,	7,000
6	Ardèche,	328,000	Privas,	4,000
7	Ardennes,	282,000	Mezières,	4,000
8	Arriège,	248,000	Foix,	5,000
9	Aube,	242,000	Troyes,	26,000
10	Aude,	266,000	Carcass.,	18,000
11	Aveiron,	350,000	Rodez,	8,000
12	Bouches-du-Rh.,	326,000	Marseille,	116,000
13	Calvados,	500,000	Caen,	38,000
14	Cantal,	262,000	Aurillac,	10,000
15	Charente,	354,000	Angoul.,	15,000
16	Char.-Infér.,	424,000	La Roch.,	11,000
17	Cher,	249,000	Bourges,	19,000
18	Corrèze,	285,000	Tulle,	8,000
19	Corse,	185,000	Ajaccio,	8,000
20	Côte-d'Or,	367,000	Dijon,	24,000
21	Côtes-du Nord,	582,000	S.-Brieuc	10,000
22	Creuse,	253,000	Guéret,	3,000
23	Dordogne,	464,000	Périgueux,	9,000

Départemens.	Population.	Chefs-Lieux.	Population.
24 Doubs,	254,000	Besançon,	29,000
25 Drôme,	286,000	Valence,	10,000
26 Eure,	421,000	Evreux,	10,000
27 Eure-et-Loire,	278,000	Chartres,	14,000
28 Finistère,	505,000	Quimper,	10,000
29 Gard,	348,000	Nîmes,	39,000
30 Garonne (H.-),	407,000	Toulouse,	73,000
31 Gers,	308,000	Auch,	11,000
32 Gironde,	538,000	Bordeaux,	94,000
33 Hérault,	359,000	Montpellier,	36,000
34 Ille-et-Vilaine,	555,000	Rennes,	29,000
35 Indre,	258,000	Châteauroux,	11,000
36 Indre-et-Loire,	290,000	Tours,	21,000
37 Isère,	526,000	Grenoble,	22,000
38 Jura,	310,000	Lons-le-Saunier,	8,000
39 Landes,	265,000	Mont.-de-Marsan.,	4,000
40 Loire-et-Cher,	231,000	Blois,	11,000
41 La Loire,	369,000	Montbrison,	5,000
42 Haute-Loire,	286,000	Le Puy,	15,000
43 Loire-Inférieure,	457,000	Nantes,	72,000
44 Loiret,	304,000	Orléans,	40,000
45 Lot,	280,000	Cahors,	12,000
46 Lot-et-Garonne,	357,000	Agen,	12,000
47 Lozère,	139,000	Mende,	5,000
48 Maine-et-Loire,	459,000	Angers,	30,000
49 Manche,	611,000	Saint-Lo,	9,000
50 Marne,	525,000	Châlons,	12,000
51 Marne (Haute-),	245,000	Chaumont,	6,000
52 Mayenne,	354,000	Laval,	16,000
53 Meurthe,	403,000	Nancy,	29,000
54 Meuse,	306,000	Var,	12,000
55 Morbihan,	427,000	Vannes,	11,000
56 Moselle,	409,000	Metz,	45,000
57 Nièvre,	272,000	Nevers,	16,000
58 Nord,	965,000	Lille,	70,000
59 Oise,	585,000	Beauvais,	13,000
60 Orne,	454,000	Alençon,	14,000
61 Pas-de-Calais,	643,000	Arras,	22,000
62 Puy-de-Dôme,	567,000	Clermont,	30,000
63 Pyrénées (B.-),	412,000	Pau,	12,000
64 Pyrénées (H.-),	222,000	Tarbes,	9,000
65 Pyrénées-Or.,	151,000	Perpignan,	15,000
66 Rhin (Bas-),	555,000	Strasbourg,	50,000
67 Rhin (Haut-),	409,000	Colmar,	16,000
68 Rhône,	417,000	Lyon,	170,000
69 Saône (Haute-),	328,000	Vesoul,	5,000
70 Saône-et-Loire,	516,000	Mâcon.	11,000

Départemens.	Population.	Chefs-Lieux.	Population.
71 Sarthe,	447,000	Le Mans,	19,000
72 Seine,	1,013,000	Paris,	900,000
73 Seine-et-Marne,	318,000	Melun,	7,000
74 Seine-et-Oise,	441,000	Versailles,	30,000
75 Seine-Inférieure,	688,000	Rouen,	90,000
76 Sèvres (Deux–),	288,000	Niort,	16,000
77 Somme,	526,000	Amiens,	42,000
78 Tarn,	527,000	Alby,	11,000
79 Tarn–et–Gar. ,	242,000	Montauban ,	25,000
80 Var,	311,000	Draguignan,	9,000
81 Vaucluse,	233,000	Avignon,	31,000
82 Vendée,	323,000	Bourbon-Vendée,	3,000
83 Vienne,	268,000	Poitiers,	22,000
84 Vienne (Haute-),	276,000	Limoges,	26,000
85 Vosges,	380,000	Epinal,	8,000
86 Yonne,	342,000	Auxerre,	12,000

FORMULES.

1 Avec quel *transport*, hein ! le soldat de *marine* revoit son *bourg*, que pour toujours il semblait avoir *fui*.

2 Les *nations* pour les rois ont de la *haine*, quand leurs demandes sont *repoussées*; mais les peuples , quoique *lents*, portent de terribles *coups*.

3 La patrie, notre *mère*, fut souillée par les *alliés* qui vinrent *nous voler*, brûler nos *moulins*, quand nous fûmes *trahis*.

4 Dans un récit avec accompagnement de *basse*, *harpe*, *etc.*, un chanteur peut *utilement* employer les notes de goût, quand il est *digne* du morceau qu'il *rend*.

5 Il est un *lieu* dans les *Hautes–Alpes* d'où l'on voit, *attenant là Gap*, pays fort *gai*.

6 Loin d'être *chagrin* à l'aspect d'un chapon bien *lardé*, je suis joyeux et crois que, contre *mon avis,* il ne faudrait pas que l'on me *privât* de ce rôt.

7 L'illustre *guerrier* qui sauva les *Ardennes*, n'était ni lâche *ni fainéant;* après avoir défendu *Mézières*, il mourut fidèle à son *roi*.

8 Quand Garot du gland fut *victime, ah!* riai-je de lui voir le *nez rivé*, et de l'entendre dire qu'une autre fois il ne se coucherait plus *là.*

9   Les bêtes qui broutent *l'aube*-épine, souvent se piquent les *na-rines*, soit en prenant sa feuille divisée en *trois*, ou sa fleur blanche comme *neige*.

10   Lorsque le *fanatisme* voulut contraindre les Incas à chanter ma-tines et *laudes*, ils s'écrièrent : Rien ne saurait *nous changer : * Pizarre de tes vaisseaux tu peux brûler la *carcasse;* nous n'avons peur ni du fer ni du *feu*.

11   Le marin en colère à coups *d'avirons* punit les matelots de leur *mollesse* en leur disant : Pourquoi *rôdez-vous?*

12   Décius, poussé par un *dévouement* que publia la renommée aux cent *bouches*, s'écria : Si dans ce trou je me *niche*, c'est pour que *Mars aille* sauver ma patrie du *danger*.

13   Le marin qui a commis un *crime*, sous la *cale* va. *L'insensé* ne sait pas jusqu'à quand il devra expier ses *méfaits*.

14   Si ce n'est *folie* de vouloir se précipiter en bas du *Cantal* qui élève dans le ciel son *nez chenu, or il y a audace.*

15   *L'amour* a conduit à *Charenton* plus d'un *malheureux* qui ne sait pas si celle qui *l'engoue, l'aime*; bien peu avant leur mort sortent *de là.*

16   Par une *abnégation* admirable lors du triomphe de son frère, Scipion-l'Africain dans le *char entre inférieur*, quoiqu'il semblait *réunir* les suffrages de la multitude quand, montée sur la roche, elle le proclamait le plus grand *de tous.*

17   La jalousie souvent nous coûte *cher;* elle ne nous permet ni plaisir *ni repos*, et le prince, comme le *bourgeois*, en est souvent *dupe.*

18   Mars, toi qui inspires un *héroïsme* digne du pinceau de *Corrège*, personne n'est vaillant que quand *tu le veux.*

19   Celui qui est à *l'agonie*, sec comme *l'écorce*, et *défaillant* comme *Ajax*, touche à sa fin.

20   *Le juif* Jacob, qui sur sa *côte dort*, me *choque* avec son échelle ; et comment? me *dis-je*, on trouve que cette fiction *n'est rien.*

21   On voit des hommes aussi forts que les *Cyclopes* dans les forges des *Côtes-du-Nord* ; après avoir fondu le fer, dès qu'ils veulent *l'affiner*, lors même qu'il y en a des morceaux plus longs que qua-tre ou *cinq bries, eux* les prennent et les tournent sens dessus dessous.

22   L'habitant de la vieille *Castille*, noble par excellence, de ses idées *creuses* ne sort *nullement* quand il est dans ses *guérets*, il se croit l'égal d'un roi au *moins*.

23   Le dernier cri de la *Pologne* a retenti jusqu'aux rives de la *Dordogne*; le tyran moscowite peut se réjouir en voyant tant de héros mourir ; il eût mieux valu qu'il *pérît qu'eux*, étouffé par le sang qu'il a *bu*.

24   Les *Chinois*, qui ne sont pas d'un aspect *doux*, ne sont pourtant ni sots, *ni lourds*; chaque mandarin n'aborde l'empereur qu'en *baissant son* dos, comme font à son égard tous les *nabots*.

25   En *Italie*, dans le pays de *Rome*, les bons habitans que rien ne *fâche*, ont perdu leur *vaillance* et leur *audace*.

26   Chez les *Français*, quand elle sonne *l'heure*, la liberté *rayonnante* vient pulvériser le trône qui est *verreux*, et renverser le roi qui est *dessus*.

27   Le *Cannibale*, dont les ancêtres ne respectaient que les *leurs*, *est noir*. A ce sauvage aucun travail ne *convient*, il vit dans sa charte; on le dit très-adroit au *tir*.

28   Des *Carthaginois* on reconnaît la valeur ; on ne doit pas, quand de tels peuples *finissent*, *taire* leurs *exploits*, que l'histoire doit à tous *les hommes*. On voit les lieux où ils *campèrent* lorsqu'ils combattirent un contre *dix*.

29   En *Espagne* on voit des *gars* craignant le choléra-*morbus*; la faction qui les *anime* fait décimer les *moins bons*.

30   A Sainte-*Marie* on voit de *hautes garennes* où l'on va sans *risque ; tous loups* et lions s'en tiennent éloignés, ainsi que les *caïmans*.

31   Loin d'une *mégère*, Moïse pourrait dire *j'erre* sans pouvoir *me sauver*, lorsque, dans son berceau, par les flots *hochés*, il allait à la garde *de Dieu*.

33   *Véturie*, voulant engager son fils à rentrer dans le giron de sa patrie et rompre un *lien mauvais*, le trouva assis au *bord d'eau* très-pure.

33   *Andromaque*, en refusant un *héros*, fit un trait qui, dans nos fastes, ne se rencontre *même pas*. Si une telle femme existait dans *mon pays*, chacun lui rendrait *hommage*.

34   Je n'aime pas le conte de la *louve* allaitant ces deux Romains, *il est vilain*. Je voudrais qu'on eût écrit plus *loyalement* l'origine de cette cité *reine* qui étendit ses conquêtes jusqu'en *Nubie*.

55 Quand *Phèdre* apprit le malheur de son fils, elle devint bleue comme *l'Inde*. Son œil ne *mourait*. Lorsqu'elle reprit ses sens, un tel transport la prit, qu'elle écrasa un *chaton roux* qu'elle avait de fraîche *date*.

56 Ainsi l'a voulu la *nature*, l'habitant de *l'Inde est noir;* mais il est plus adroit *qu'on ne pense*. Il y en a qui font des tours qui méritent d'être *notés*.

57 Dans les salles des fous, l'un croit être *Médée*, beaucoup par le froid hors de leurs *lits' errans*, tandis qu'ils devraient se couvrir de *lainage;* d'autres veulent être, bon gré mal *gré*, *nobles;* enfin, d'autres prennent le médecin pour une *nonne*.

58 *Cérès jura* qu'elle reprendrait sa fille, et partit aussi brave qu'*Amadis*. Le roi des enfers eut le visage *long*, *le sot niais*, quand il la *vit !*

59 Après le départ du fils de *Pénélope*, l'île de Calypso devint comme des *landes*. En voyant la déesse dire adieu au *monde, Marsan rit*.

40 Les *révélations* de Dieu sont faites pendant le sommeil, qui, au *loir est cher;* elles sont toujours adressées à des hommes *non mondains*, qui devant la volonté suprème *ploient* la *tête*.

41 Si on nous présente ces *prophéties* qui nous annoncent que la France va perdre sa *gloire*, qui rend à nos ennemis un *hommage bas*, nous les annonçant déjà traversant nos *monts* , *brisons—les*.

42 Rousseau par ses *odes*, et La Fontaine par ses *fables*, acquirent une *haute gloire*, l'un est sublime dans ses poésies, et l'autre qui fait parler *nos vaches*, est fort plaisant lorsqu'il laisse dans *le puits* son bouc *dolent*.

45 Les *élégies* ont, en poésie, une *gloire inférieure*, surtout les cantiques que l'on met avec les *reliques;* on y trouve des choses *étonnantes* et *inconnues*.

44 On fait des *bouffonneries* dans beaucoup d'endroits, même à Lorette où cela passe toute *mesure;* mais on ne trouve plus de femmes comme la pucelle d'*Orléans*, qui fut mise à mort par les Anglais qu'elle *rossa*.

45 J'ai vu, dans une *romance*, que les filles de *Loth* se sauvèrent et restèrent dans *une fosse* avec leur père; elles étaient si chastes

qu'elles furent mises par ce *cas hors* de danger, tandis que brûlait un peuple *damné*.

46 Il ferait mal un *plaidoyer* l'ivrogne qui, au cabaret, n'a pas pour *l'hôte d'égards* ; quand de raison cet *homme manque*, c'est que, loin d'être *à jeun*, il est rond comme un *tonneau*.

47 Si les auteurs de *tragédies* mirent en scène les tyrans, c'est que ceux-ci n'étaient plus quand ils l'osèrent, car ils firent mettre plus d'une tête *d'homme à bas*, et l'on doit trembler quand le juge qui vous *mande* peut, à son gré, interpréter la *loi*.

48 Celui qui a bien servi son pays est digne de l'*épopée*. Honneur au brave guerrier retiré dans son *domaine*, *et gloire* à l'écrivain qui, pour retracer sa valeur, ne prend pas le *rôle bas* de la flatterie qui offre des *dangers immenses*.

49 Autrefois, le marchand de *complainte* avait la police dans sa *manche* ; aujourd'hui il est le *jouet de tous*. En vain il nous montre d'un *sanit los*, sa marchandise ne se vend *pas*.

50 Pour construire un *temple*, on ne prend pas de la *marne* (terre grasse) qu'il faudrait souvent *mener loin* ; on ne peut pas non plus le couvrir avec un *chalon* (filet) qui prend le poisson qu'on nous sert à *dîner*.

51 Le fleuve de *l'enfer* est comme une *haute marne*, c'est là qu'on doit *nous rouler* ; cependant, si nous *chômons* les fêtes, nous pouvons aller au séjour des *anges*.

52 Si les pairs qui siégent au *Luxembourg* ne mangent pas la carpe de la *Mayenne*, ils ont celle de la capitale qu'ils trouvent *meilleure* ; avec plaisir ils *l'avalent* aussi bien que la *tanche*.

53 Combien de *sépulcres* renferment des victimes du *meurtre*, et dans la tombe, par lui, combien de *rois sont mis ! ! !* Pour les couvrir, il faudrait plus de marbre que *n'en scient nos pays*.

54 De Lilliput un favori des *Muses* nous fait un tableau *mensonger*. Je voudrais voir jouer aux *barres* son peuple qui n'existe que de nom.

55 Dans les *bosquets* du *Morbihan*, où les oiseaux *règnent gais*, on voit le *vanneau* avec sa huppe sur la *tête*.

56 Dans les chapelles des *hospices*, où on admet les *demoiselles*, on les *reçoit* bien si, pendant la *messe*, aux paroles du prêtre elles prêtent *l'oreille*.

57 Si dans nos *abatoirs* on ne mène ni lapins *ni lièvres*, à cela ils *ne gagnent*, car ils sont chassés par le renard qui avec une astuce toujours *neuve erre* : comment éviter le *danger?*

58 Les *Romains* auraient fait des *cirques* dans tout le *Nord*, si l'on n'y eût mis *empéchement*; d'Albion même ils eussent rendu *l'île* témoin de leurs *excès*.

59 Combien de gens vont au *pilori* pour avoir été *oiseux !* Beaucoup des *moins filoux* mettent leurs moins *beaux vétemens* pour exciter la compassion des *témoins*.

60 La *contrition* purifie l'âme et la vertu *l'orne*. Pour éviter les *remords ¡ ah! lançons*-nous dans la voie du salut, loin des plaisirs de cette *terre*.

61 Il se rit du *désespoir*, le marin, pendant le calme en mer ; on ne voit *pas de calins*; on entend que *juremens*; mais lorsque, par la tempête, il voit son vaisseau *harassé*, il prie comme une *nonne*.

62 Avec résignation l'Algérien nous voit occuper cette ville où l'on voit tant de mosquées et *puis de dômes*; ah! se dit *le cheick*, si le Français *éclaire mon* pays, il m'en reviendra un bien *immense*.

63 L'épidémie, en France, cause bien des *veuvages*; pour qu'elle ne *passe les Pyrénées*, et que chez nous elle soit *retenue*, sur le *Pô* il faut faire quarantaine pendant une *huitaine*.

64 Pour éviter les *jérémiades*, il faudrait se retirer au *haut des Pyrénées*; là, on vivrait comme *une nonne*, et de sa demeure on pourrait voir *Tarbes* en *bas*.

65 On inspire peu de *compassion* quand on boit le vin du *Bas-Rhin*, qu'à volonté on a *les millions* et des canapés de *strasse bourrée*, on est moins à plaindre que celui qui n'a pas *le sou*.

67 La ligne de *séparation* de la France avec l'Allemagne doit être *au Rhin*. Mais, comme par la diplomatie on *réussit peu*, nous n'y viendrons pas avec les *protocoles mare* dans laquelle l'Europe est *attachée*.

68 Ennemis de la captivité, on vit les Marseillais remonter le *Rhône*; ils allaient à Paris porter un *rude coup* ; en passant à Lyon ils sonnèrent le *tocsin*.

69 Que de *pleurs* fit couler la peste de Marseille ! quand sans cesse le

beffroi de la ville *haute sonnait*, le médecin le *moins neuf* se disait : Dans peu *je vais sous* le tertre moi-même *aller*.

70   *Saint-Martin* eût traversé *Saône et Loire* pour secourir l'*indigent* ; je me souviens de son histoire que ma grand'mère *m'a conté* quand je faisais *dodo*.

71   *Annibal*, lorsque ses soldats s'arrêtent, leur parle d'un *air roque* ; et lorsque l'un d'eux *ment*, il le *tape*.

72   Lorsque *Bayard* du monde quitta la *scène*, il prononça le nom *de sa dame* et tourna ses regards vers *Paris* ; il fut traité pär ses ennemis avec *bienséance*.

73   *Bélisaire* parcourt la *scène et marche*, pour toucher le *monde fait* des prières ; *mais l'un* donne peu, l'autre l'appelle *gueux*.

74   Jamais *don Quichotte*, de son épée *ceint, n'est oisif* ; l'auteur qui a retracé ses prouesses mourut victime d'un *roi irrité*, dans ce pays qui reste brut, quand la civilisation *verse ailleurs* des bienfaits immenses.

75   Les *Troubadours* sont descendus sur une *scène inférieure* ; dans la misère ; aujourd'hui ces *gens vivent* ; plus d'un *s'enroue en* chantant dans les rues *boueuses*.

76   *Scipion*, n'ayant pas de quoi nourrir ses soldats, *les sèvre* ; car dans certains pays on ne trouve *ni fèves, ni or*, surtout chez les *indigens*.

77   Lorsque *Attila* envahit une province, il *l'assomme*, et dans le sang *elle nage* ; les habitans sont massacrés jusqu'à *amen* par ce guerrier de cruel *renom*.

78   *Achille* ne serait pas mort si *tard*, si ses ennemis eussent été *moins nigauds* ; s'il eût combattu *Albion*, il aurait péri sous sa *tente*.

79   *Xercès* dit que, si à sa conversation on a trop *tard égard, on ne* peut éviter une ruine ; c'est pourquoi il *monte au banc* des rameurs et fuit si honteusement, qu'on ne trouve aucun fait pareil dans nos annales.

80   En pensant au saint *agneau*, qui de son sang ne fut pas *avare*, pieusement nous méditons, tandis que l'athée, mollement étendu dans ses *draps, guigne en* l'air, reniant ce Dieu *si bon*.

81   La tête d'*Holopherne*, aussi grosse que celle d'un *veau de Cluse*,

fut tranchée par Judith, qui n'était pas *une momie* ; puis semblable au jus de *la vigne, on* vit couler le sang de cette tête qui était *muette.*

82 *Régulus* dit aux Romains : Si vous me rachetez croyant sauver la patrie , vous la *vendez* éminemment , et dans la *bourbe on* vous traînera ; tandis que , pour vous sauver, il ne faut sacrifier que *moi.*

83 Le brave *Ney*, malgré ceux qui pour demander sa tête *viennent* , est un des meilleurs de *nos* chefs ; il fut moins bien traité que le roi Jean, qui, après la bataille de *Poitiers* , fut soigné comme une *nonne.*

84 Qui croirait que d'Ésope une conception si *haute vienne ?* Quoique bien laid , il n'était ni sot, *ni gauche.* Quand je lis le serpent et la *lime, oh ! je* m'écrie, où l'esprit va-t-il se *nicher ?*

85 Dans le monde, combien de *Narcisses* dont les manières sont fort en *vogue* quoique *mauvaises* , avec la baguette *d'épine à la* main et le nez au vent.

86 Ils adorent le *Christ*, les habitans des îles ionniennes ; on envoya notre *marine* pour les secourir ; on en put faire autant *aux serfs* polonais qui en étaient si *dignes.*

EXERCICES SUR LA CINQUIÈME LEÇON.

Faire des formules pour retenir la latitude et la longitude des principaux ports de mer de France.

PORTS.

Noms des villes.	Latitude.		Longitude.	
Bordeaux ,	44°	50'	2°	54'
Boulogne ,	50	44	0	45
Brest ,	48	25	6	48
Calais ,	50	57	0	58
Cherbourg ,	49	58	5	58
Dieppe ,	49	55	1	15
Havre ,	49	29	2	14
Malo (Saint-) ,	48	59	5	56
Marseille ,	45	18	5	2
Nantes ,	47	15	5	52
Rochelle (La) .	46	10	5	24
Rouen ,	49	26	1	14
Rochefort ,	46	2	5	19
Toulon ,	45	7	5	55

Il faudra placer la latitude avant la longitude. Les deux premiers chiffres des latitudes appartiennent aux degrés ; le, ou les suivans, aux minutes. Pour les longitudes, c'est le contraire.

Faire des formules pour retenir la hauteur des édifices les plus remarquables.

La plus haute des pyramides d'Égypte	146 mètres.
La tour de Strasbourg (le Munster) au-dessus du pavé	142
La tour de Saint-Étienne, à Vienne	138
La coupole de Saint-Pierre de Rome (au-dessus de la place)	132
La tour de saint-Michel, à Hambourg	130
La flèche de l'église d'Anvers	120
La tour de Saint-Pierre, à Hambourg.	119
La tour de Saint-Paul de Londres	110
Le dôme de Milan (au-dessus de la place)	109
La tour des Asinellies, à Bologne	107
La flèche des Invalides (au-dessus du pavé)	105
Le sommet du Panthéon (au-dessus du pavé)	79
La balustrade de la tour Notre-Dame (au-dessus du pavé)	66
La colonne de la place Vendôme	43
La plateforme de l'Observatoire royal	27
La mâture d'un vaisseau français, de 120 canons au-dessus de la quille)	73

SOLUTION DES EXERCICES DE LA QUATRIÈME LEÇON.

La *poésie du sentiment*, celle qui peint le *bonheur* et les *peines*, les *désirs* et les douces émotions des *cœurs* passionnés, n'exige pas moins d'*étude* que les grandes *conceptions*.

La *délicatesse* du *pinceau* de *Parny*, la *proportion* entre son *style* et ses *idées*, et *l'harmonie* de son *expression*, ont fait de ses *élégies* des *modèles* dont on ne sent la *perfection* que quand on a le *sentiment* du *vrai*.

SIXIÈME LEÇON.

MATHÉMATIQUES.

Moyen de trouver le premier jour d'une année quelconque, depuis 258½
jusqu'à 2400.

Nous avons vu qu'il est facile d'appliquer l'histoire à la mnémo-technie, parce que l'histoire n'est qu'une suite de faits développés avec plus ou moins d'étendue, qui peuvent toujours se réduire à leur plus simple expression, et être accompagnés d'une date.

Les sciences mathématiques, basées moins sur la mémoire que sur le raisonnement, semblent d'abord exclure toute application à notre méthode. Cependant, comme dans la géométrie, la démonstration d'une proposition quelconque s'appuie toujours sur la vérité reconnue d'une ou de plusieurs propositions précédentes, il serait avantageux de retenir la suite de ces propositions dans l'ordre où les a rangées l'auteur qu'on étudie.

Nous prendrons, pour la mnémoniser sous ce point de vue, la géo-métrie de Legendre. Elle se compose de huit livres, contenant chacun un certain nombre de propositions.

Nous devons donc indiquer le moyen de retenir d'abord la suite de ces huit livres avec le nombre de propositions contenues. Pour cela il suffira de faire huit formules commençant chacune par un mot de rappel et se terminant par un autre mot dont l'expression, en chiffres, représentera le nombre des propositions.

Le premier livre contient 51 proposit. et traite des lignes droites.
Le deuxième   19   cercles.
Le troisième   84   proportions.

Le quatrième	16	figures régulières.
Le cinquième	15	plans.
Le sixième	27	pyramides.
Le septième	27	sphère.
Le huitième	18	cylindres.

Au lieu d'employer les mots du tableau ¡ordinaire pour points de rappel, nous conseillons de prendre les huit noms : *lignes droites, cercles, proportions, etc.* Ce n'est pas que chaque livre traite exclusivement des figures que nous lui assignons ici ; mais c'est qu'on ne s'en occupe pas ailleurs, et que ces termes étant les plus généraux, ils conviennent mieux à la mnémotechnie. Voici trois formules pour exemples :

Premier livre. — Le soleil, en *ligne droite,* m'éclaire le
matin. (31)

Deuxième livre. — Le *cercle* de la vie a pour centre un *tombeau.* (19)

Troisième livre. — Les belles *proportions* et les charmans
contours, pour aimable bergère ins-
pirent de *l'amour.* (34)

PROPOSITIONS.

Les huit livres contiennent ensemble cent quatre-vingt-sept propositions. Il faudra donc faire cent quatre-vingt-sept formules, telles que, commençant par un mot du tableau qui donne leur numéro d'ordre dans la série totale, elles renferment, en outre, l'expression d'une idée très-palpable dont le rapport intime, et à peu près identique avec celle de la proposition dont il s'agit, doit rappeler l'énoncé de cette proposition. A cet égard, les élèves qui ont étudié la géométrie avec succès feront la remarque suivante :

L'énoncé rappelle presque toujours la figure, et la figure rappelle souvent l'énoncé ; de sorte qu'on pourra indifféremment profiter ou de l'idée fournie par la figure, ou de l'idée fournie par l'énoncé. Cela dépendra de la disposition de l'élève qui , selon qu'il aura bien ou mal appris , aura besoin de moins ou plus de secours.

FORMULES

POUR LES DEUX PROPOSITIONS DE GÉOMÉTRIE.

Deuxième proposition du premier livre.

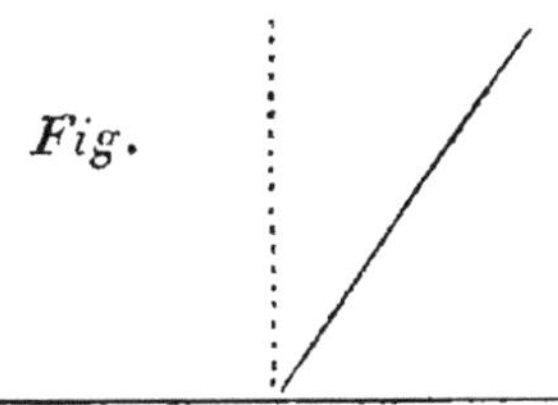

Fig.

Quand une ligne droite en rencontre une autre, elle forme, avec cette autre deux angles adjacens dont la somme est égale à deux angles droits.

Chez toutes les nations commerçantes, si vous mettez un poids dans l'un des plateaux d'une balance , le fléau, en penchant, gagne d'un côté l'espace qu'il perd de l'autre ; c'est comme s'il restait en équilibre.

Cette figure rappelle l'énoncé, la figure , et offre une démonstration sensible de la proposition , car elle signifie que la figure

Fléau penché.

Donne la même somme d'angles que celle-ci,

Fléau droit.

Soixante-unième proposition du troisième livre.

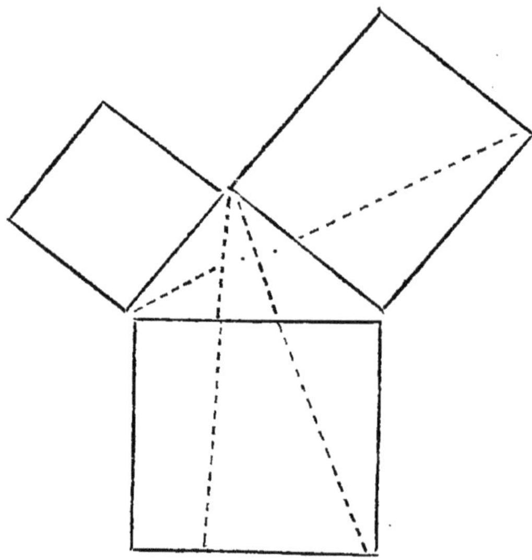

Le carré de l'hypoté-
nuse égale la somme des
carrés faits sur les deux
autres côtés du triangle
rectangle.

Pour consoler son fils en *colère*, la bonne mère lui fait une culotte collante dont le ventre, à lui seul, est aussi large que les deux jambes. Cette formule rappelle la figure et l'énoncé.

Ce moyen peut être modifié arbitrairement ; cela est même nécessaire, car on conçoit la difficulté d'un pareil travail.

ARITHMÉTIQUE.

Cette science offre à la mnémotechnie une suite de nombres exprimant la valeur des mesures anciennes en nouvelles et réciproquement. Nous allons indiquer quelques-unes de ces valeurs.

COMPARAISON DES MONNAIES ÉTRANGÈRES AVEC LES MONNAIES FRANÇAISES.

		F.	C.
Guinée d'Angleterre	vaut	26	47
Ducat d'Autriche.		11	86
Ducat de Hollande		11	93
Pistole d'Espagne		85	93
Ruspone de Toscane		56	04
Séquin de Parme		11	95
Séquin de Gènes		12	01
Ducat de Prusse		11	77
Ducat de Russie		11	79
Roupie du Mogol		58	72
Roupie de Perse		56	75

MESURES ANCIENNES ET NOUVELLES.

Longueur.

		MÈTRE.
Toise	vaut	1 949
Pied		0 524
Pouce		0 027
Ligne		0 002
Aune		0 188

Surface.

		MÈTRES.
Toise carrée	vaut.	5 798
Pied carré		0 105
Pouce carré		0 007
Ligne carrée		0 000005

Surface.

	HECTARES.
Arpent, (eaux et forêts) vaut	0 5007
Arpent de Paris	0 341

Volume.

	STÈRES.
Corde de bois vaut	3 839
Solive (charpente)	0 1028

Capacité.

	HECTOLITRES.
Muid de vin vaut	2 68
Setier de blé	1 56

Capacité.

	LITRES.
Pinte vaut	0 931
Boisseau	13 008
Litron	0 813

Pieds anciens.

	KILOGRAMMES.
Livre vaut	0 489
Once	0 0305
Gros	0 00311
Grain	0 00005
Quintal	48 95

Prenons pour exemples les valeurs suivantes :

La guinée d'Angleterre vaut en francs.	26 47
La toise ou mètre vaut.	1,949
La pinte en litre vaut.	0,931

Chacun de ces nombres est composé de deux parties, les unités et les décimales. Il faut que cette séparation soit rappelée par la formule. Pour cela nous prendrons, nous placerons un mot ou des mots intermédiaires entre l'expression des unités et celle des décimales. La formule commencera par deux analogies phoniques pour la mesure ancienne et pour la nouvelle.

1. En *Guinée* un *Français* aurait plus de plaisir à *nager* (26) que dans le nord de l'Amérique (47).

2. Seigneur, ce n'est pas *toi seul* qu'on veut *mettre* en croix; c'est *toi* (1), ou bien *Barrabas* (949).

3. Je connais de gros paysans qu'une pinte et un litre griseraient moins vite que certains fats qui se *pommadent* (931).

Dans cette dernière formule, comme il n'y a pas d'unités, nous n'avons fait entrer qu'un mot sacramental; on fera de même toutes les fois que la virgule sera précédée d'un zéro.

Rapport de la circonférence au diamètre.

$$3,1415926535897932384626433$$
$$8327950288419716939937510582097$$
$$4944592307816406286208998628035$$
$$4825342117067982148086513282 30$$
$$66470938446$$

Pour mnémoniser les 127 chiffres qui représentent les appoints de la circonférence au diamètre, il suffit de partager les 126 décimales en 12 tranches pour chacune desquelles on fera les formules suivantes :

En blasphémaut contre le *ciel* on voit des chasseurs

Maudire | *des lapins* | *nonchalans.*

Dans un *transport*, les peuples pourraient dire à leurs gouverneurs : On récompense bien quelques bons citoyens.

Mais | *l'on voit rien* | *qu'on pense mieux* | *nos mauvais.*

Claude, chef de la *nation*, pouvait dire à la jeunesse romaine :

Riez, | *jeunes gens.* | *Rome m'a* | *efféminé.*

Pour vous défendre contre la *mère* du lion

Qu'on | *blesse,* | *n'avez-vous* | *rien ? tant pis !* |

L'enfant prodigue, rentrant chez son père, se dit : *le récit* de mes malheurs n'a pas ému les étrangers

Qu'on | *touche peu,* | *mais papa* | *m'accueille.* |

Dans certain *lieu* les Juifs eurent soif ; et, Moïse ayant fait jaillir de l'eau, ils s'écrièrent :

Dieu | *saint, hélas ! fais* | *nous souper,* | *car on boit.*

Quand le peuple sans *chagrin* est sous son

Roi | *heureux, il paie* | *nuement ses* | *confidens.*

Plus d'un *guerrier* pourrait dire :

En jouant, | *Rose je* | *n'ai fâché* | *ni Sophie.*

Les Russes, en voyant les faucheurs polonais tuer les Cosaques, pouvaient dire : Ce peuple, *victime* du despotisme,

Peut | *bien faucher* | *nos offi* | *ciers morveux.*

Le lion est une *bête* qui ne craint pas plus

Hyène | *limier errant* | *ni Hottentot* | *qu'un singe.*

C'était par les armes du *fanatisme*

Qu'un | *roi fainéant* | *autrefois* | *se vengeait.*

Le Polonais est bien malheureux ; la *colère*

Le | *domine* | *et envenime* | *ses juges.*

Un roi, plein de *dévouement*, dit : Ce n'est pas le sein de sa patrie qu'un

Héros | *qui se bat* | *me verra* | *arracher.*

Pour retenir le premier jour d'une année, il faut se représenter, en premier lieu, trois choses :

1° La suite des siècles. . . . . o, 1, 2, 3.

2° Celle des jours de la semaine. . . 1, 2, 3, 4, 5, 6, 7.

Observant que 1 c'est lundi, etc.

3° Les 29 nombres suivans.

0.	6552	15.	4275
1.	1642	16.	5316
2.	2755	17.	7551
3.	5164	18.	1642
4.	4275	19.	2755
5.	6427	20.	5164
6.	7551	21.	5316
7.	1642	22.	6427
8.	2755	23.	7521
9.	4275	24.	1642
10.	5316	25.	5164
11.	6427	26.	4275
12.	7551	27.	5316
13.	2755	28.	6427
14.	5164		

Les formules suivantes les feront retenir facilement ; elles sont une espèce de mesure :

Dans le *ciel*, en mourant, ah ! si *J'allais monter !*

Quel *transport* contre une mouche te pousse à *t'acharner ?*

Les *nations* sont savantes et belles en *nos climats.*

Une sensible *mère* ne sait qu'ai*mer toujours.*

Je déteste un *récit*, quand *rien n'y est coulant.*

Il est des *lieux* au nord qui ont un *jour unique.*

Le *chagrin* est causé par les *calamités.*

Le *guerrier*, sans dormir, passe bien *des journées.*

Il est peu de *victime* qui, mourant, *n'ait clamé.*

Quelle bête cruelle que le *roi Nicolas !*

Le *fanatisme* tue, il faut *le mitiger.*

La *colère* nous fait tous ag*ir en nigauds.*

Le *dévouement* d'Oreste n'est dû *qu'à l'amitié.*

Les *crimes* sont punis bien *inégalement.*

La *folie* devrait bien rester en *moi toujours.*

Les gens qu'*amour* a pris aiment la *renoncule.*

L'*abnégation* de soi n'est rien pour *l'homme d'âge.*

La *jalousie* me semble une *calamité.*

Que de traits d'*héroïsme* oubliés *des journaux !*

Quel homme à *l'agonie* porterait *une enclume !*

Les *Juifs* à Babylone s'écriaient : *Maudit jour !*

Des *Cyclopes* forgeant, oh ! que le mont est chaud !

La *Castille*, dit le noble, est très-*chère à nos goûts.*

La *Pologne* est traitée de façon peu *clémente.*

Un Chinois serait laid, s'il était *décharné.*

Il est dans l'Italie un haut *mont dangereux.*

Le souverain de *France* doit être *régnicole.*

Les *Cannibales* font souvent *lamenter gens.*

A *Carthage* vaincue qui peut *jouer? Rien n'est gai.*

Supposons maintenant qu'on nous demande par quel jour à commencé l'année 1832.

$$
\begin{array}{cccc} & 0, \ 1 \ \overline{2} \ 3 & \quad 1 \ 8 & \quad \Big| \quad 3 \ 2 \\ 4 = 4 \ 2 \ 7 \ 5 & \quad 2 & \quad \Big| \quad \underline{2 \ 8} \\ & & & 4 \end{array}
$$

Séparons les **deux** chiffres de gauche des deux chiffres de droite par un trait vertical, comme on le voit ci-dessus. Divisons les deux **de** gauche 18 par 4, il reste 2. Marquons par un signe quelconque le 2 dans la série des siècles, 0, 1, 2, 3. Si les deux chiffres de droite surpassent 28, 56 ou 84, retranchons-en 28, 56 ou 84. Ici ils surpassent 28 ; or, 28 retranché de 32, reste 4. Cherchons la formule 4. Elle donne le nombre 4,275. Ecrivons ce nombre sous la série des siècles, 0, 1, 2, 3, en faisant correspondre les chiffres de l'un à ceux de l'autre. Le chiffre 7, qui se trouve sous le chiffre marqué 2, est le jour par lequel a commencé l'année ; le 7ᵉ, c'est le dimanche. On voit la manière de procéder pour une année quelconque.

Exercice proposé sur cette dernière application.

Mnémoniser le problème résolu pour éviter de faire parcourir au cavalier les 64 cases du damier en 64 sauts.

Les cases seront numérotées comme il suit:

81	82	83	84	85	86	87	88
71	72	73	74	75	76	77	78
61	62	63	64	65	66	67	68
51	52	53	54	55	56	57	58
41	42	43	44	45	46	47	48
31	32	33	34	35	36	37	38
21	22	33	24	25	26	27	28
11	12	13	14	15	16	17	18

Il faudra supposer que le cavalier est parti de la case 11, il parcourra les cases indiquées par les articulatious de la formule. Il faudra que ces formules soient liées entre elles. Pour cela on aura soin que le dernier mot de l'une serve de mot de rappel au commencement de la suivante:

SOLUTION DES EXERCICES DE LA SIXIÈME LEÇON.

FORMULES POUR LES PORTS DE FRANCE.

Bordeaux.

Que j'aime à voir la bergère assise au *bord de l'eau;* elle est fraîche comme l'*aurore*, et *laisse* au gré des vents flotter sa chevelure que ne couronne ni pampre *ni lierre.*

Boulogne.

A table on peut se formaliser, quand une personne placée à un *bout*

94

lorgne, en se mettant à *l'aise*, et qu'on la voit *rire*. Cela n'est pas bien *assurément*.

Brest.

Quand on est *preste*, on *arrive*, et *néanmoins* quelquefois trop tard pour voir la *girafe*.

Calais.

Sulli disait: les prêtres *calins* entre eux ont fait *alliance*, *et ligués* contre nous, on doit *s'en méfier*.

Cherbourg.

Si le chasseur de *chair bourre* son chien, l'animal ainsi *repu est mauvais* pour la chasse; alors rien d'étonnant si par fois il a *mal fait*.

Dieppe.

On sait que *Dieu peut* noyer tout le monde, même l'animal *rampant et l'aîlé*, soit en gros, soit en *détail*.

Le Hâvre.

Dans le *havre*-sac du pauvre, mettez *rôt, pain et nippes*, vous y êtes poussés par la *nature*.

Saint-Malo.

Cinq Malais étant entrés dans un vaisseau, chacun d'eux fut *ravi et ami ébahi* en voyant les *hamacs*.

Marseille.

Pour qu'un guerrier dans le char de *Mars aille*, il faut qu'il ait vaincu *les armées* et *défait* les ennemis; alors on voit le vaincu derrière le char *amené*.

Nantes.

Le marin *anéanti*, quand il voit son vaisseau sur le *roc et entamé*, dit : Je suis perdu si je *m'éloigne*.

95

La Rochelle.

Voyez-vous la femme du marin, sur la *roche elle* va, car au ciel il y
des nuages *orageux et entassés ;* le vent siffle d'une terrible *manière.*

Rouen.

Au combat du taureau on voit cet animal sur l'homme se *ruant ;*
celui-ci le frappe de son *harpon, et nous joyeux,* nous voyons périr
un ou l'autre avec *tiédeur.*

Rochefort.

Guillaume Tell était sur la *Roche fort* quand il submergea les *ar-*
hers haineux, qui furent joliment *dupes.*

Toulon.

Les Patagons sont *tout longs ;* il faudrait que le pape en eût une
armée qui lui fût dévouée, alors ses affaires iraient *moins mal.*

FORMULES POUR LES HAUTEURS DE QUELQUES ÉDIFICES.

Le malheureux *Pyrame,* qui ne venait pas d'*Egypte,* périt d'une
manière *étrange.*

Ils se souviendront de la *Tour de Strasbourg* les alliés ; certaine-
ment quand ils y pensent, la tête leur *tourne.*

Pour faire la Tour de *Saint-Etienne à Vienne* en sautant sur un
pied, il faudrait être au moins à *demi-fou.*

On dit qu'il vidait sa *coupe au lit de Saint-Pierre de Rome,* et qu'ensuite il disait son, in manus tuas, *Domine.*

Si on eût vu sauter en bas de la Tour, *Saint-Michel à Hambourg,*
on l'eût cru en *démence.*

Pour bien lancer une *flèche,* il ne faut pas la prendre à l'*envers,*
quand bien même on serait au clocher *de Nancy.*

Celui qui ferait une *tour* avec *cinq pierres,* aussi haute que celle de
Hambourg, pourrait construire un château *d'étoupes.*

Au*tour de Londres* on voit des maisons de *détention.*

Si *Sodôme eût vécu* seulement comme *Milan*, la colère du ciel se serait *dissipée*.

Quand le Russe envoie de nouvelles troupes, il leur dit : A votre *tour assassinez-les en Pologne*, il faut les *disséquer*.

L'amour ne tourne pas ses *flèches* contre les *invalides* ; quant à son flambeau, il est pour eux sans *étincelles*.

Quand on est heureux, *du sommet* de la vie on descend la douce *pente, et on* boit à longs traits, quand le plaisir vous présente sa *coupe*.

Chez des confiseurs on voit en sucre *la balustrade de la Tour Notre-Dame*, c'est un joli *joujou*.

Sur *la Colonne de la place Vendôme* sont burinés les hauts faits de nos *armées*.

Il a des *plates formes* le *serviteur royal* (courtisan) qui courbe toujours la *nuque*.

Sous la *mâture d'un vaisseau francais*, ou autre *de* 120 *canons*, on ne peut jouer aux *quilles* quand il est ballotté par la mer qui *écume*.

<hr>

SEPTIÈME LEÇON.

Application à la Musique.

La musique présente deux parties bien différentes l'une de l'autre, son exécution et sa théorie : si, pour la première, elle est considérée comme un art d'agrément, pour la seconde elle doit l'être comme une science.

Malheureusement cette science est presque toujours abandonnée pour l'exécution. qui offre d'ailleurs plus d'agrémens aux élèves.

Cependant il est indispensable, même pour l'exécution, de bien connaître les principes de la musique. Aussi la plupart des méthodes qui les contiennent, les présentent d'une manière si aride aux élèves, que ceux-ci n'en prennent que la superficie. C'est-à-dire ce qu'ils croient absolument indispensable de savoir avant de chanter ou de prendre un instrument.

Comme on doit présumer qu'un élève après quelques leçons connaît les diverses combinaisons des valeurs des notes, nous n'en parlerons pas dans cette leçon ; nous nous occuperons d'enseigner seulement la composition de la gamme, les différens intervalles qu'elle renferme avec leurs renversemens. A l'aide des formules, l'élève pourra facilement retenir cette leçon, qui est indispensable, et qu'on ne retient qu'avec beaucoup de difficultés d'après les méthodes de musique.

Traduction des notes de la gamme en articulations do, ré, mi, fa, sol, la, si.

d. r. m. f. s. l. q. 7ᵉ note de la gamme.

v. ç ill. c.

g.

Voici les articulations dont nous nous servirons pour traduire trois autres élémens musicaux qu'on nomme signes altératifs.

dièze, bémol, bécarre, double dièze.

aise, mol, quart, niaise.

môl, car, double bémol.

nosmôles.

On **sait** que les intervalles se composent ainsi qu'il suit :

2ᵉ. 3ᵉ. 4ᵉ. 5ᵉ. 6ᵉ. 7ᵉ. 8ᵉ.

seconde. tierce. quarte. quinte. sixte. septième. octave.

On sait aussi que les intervalles sont grands ou petits, c'est-à-dire majeurs ou mineurs.

Voici les intervalles que l'on compte dans la gamme do.

Secondes majeures ou grandes	cinq	do ré, ré mi, fa sol, la si.
id. mineures ou petites	deux	mi fa, si do.
Tierces majeures ou grandes	trois	do mi, fa la , sol si.
id. mineures ou petites	quatre	ré fa, mi sol, la do, si ré.
Quartes majeures ou grandes	une	fa si.
id. mineures ou petites	six	do fa, ré sol, mi la, sol do, la ré, si mi.
Quintes majeures ou grandes	six	do sol, ré la, mi si, fa do, sol ré, la mi.
id. mineures ou petites	une	si fa.

9

Sixtes majeures ou grandes   { quatre { do la, ré si, fa ré, sol mi.
id. mineures ou petites.   { trois { mi do, la fa, si sol.

Septièmes majeures ou grandes { deux { do si, fa mi.
id. mineures ou petites { cinq { ré do, mi ré, sol fa, la sol, si la.

Toutes les octaves sont égales entre elles..

Les mots secondes, tierces, quartes, quintes, sixtes et septièmes seront représentés par ceux-ci, qui rappellent par analogie phonique ce nombre de degrés dont chaque intervalle est composé.

Secondes 2.   d'eux   deux.
Tierces 3.   Troyes trois.
Quartes 4.   carte.
Quintes 5.   sainte cinq sain.
Sixtes 6.   scie six si.
Septième 7.   cep sept.
Octave 8.   huîtres.

FORMULES POUR APPRENDRE LES INTERVALLES.

Quand les Parisiens eurent ouvert leurs portes aux Huguenots, leur joie en voyant Henri au milieu *d'eux* fut *grande*. Peuple, leur dit-il, ce n'est pas toi que   *ton roi armé offensa*, *c'est la ligue*.
     Secondes grandes.   do ré, ré mi, fa sol, sol la, la si.

Si le sultan, qui a tant de pierres précieuses, m'en envoyait seulement deux petites, ce ne serait pas un   *mauvais cadeau*.
     Secondes petites.   mi fa, si do.

La douleur de Paris, lors de la prise de *Troyes*, fut si *grande* qu'il s'écria : Je dois mourir, puisque le peuple *de ma ville* est *secoué*.
     Tierces grandes.   do mi fa la   sol si.

Le Russe, malgré ses armées formidables, fut obligé d'avoir recours à la trahison pour vaincre la Pologne, qui n'en avait que *trois petites*. Aujourd'hui, chez ces Polonais, le Tartare *arrive* en *masse* et *les tue encore*.
(Tierces petites)   ré fa,   mi sol, la do, si ré.

Napoléon avait une *carte très-grande* qu'il consultait souvent afin de ne pas être *vaincu.*
(Quarte grande.) fa si.

L'enfant se donne beaucoup de peine pour construire un château avec des *cartes petites*, puis d'un seul coup il abat.
(Quartes petites.) *devant arceaux et milieu ensuite il rit gaîment.*
do fa, ré sol, mi la, sol do, la ré, si mi.

Bien des hommes, sans être *saints,* ont la patience *très-grande* et répondraient aux plaisanteries.
(Quintes grandes.) *d'un sot raillez-moi quand vous désirez l'ami.*
do sol, ré la, mi si, fa do, sol ré, la mi.

Il y a des pays où l'on ne voit que des *saints petits* dans les *couvens.*
(Quinte petite.) si fa.

Lors de la fin du monde, on doit croire que même les Patagons qui sont *si grands* seront au nombre de ceux qui périront.
(Sixtes grandes.) *dans l'ouragan affreux sont mis.*
do la, ré si, la ré, sol mi.

Le perroquet, pour un animal *si petit*, est très-intéressant quand le *monde le fait causer.*
(Sixtes petites.) mi do, la fa, si sol.

Dans les pays où le raisin vient sur des *ceps très-grands*, il n'est *d'un goût fameux.*
(Septième grande.) do si, fa mi,

Des sept frères, le Poucet était le plus *petit;* on sait que lui avec les bottes de l'ogre, qu'il *rendit marri*, est *sauvé* à *l'aise* et au *galop.*
(Septième petite.) ré do, mi ré, sol fa, la sol, si la.

RENVERSEMENT DES INTERVALLES.

On sait que l'on compte les intervalles en montant; quand on veut exprimer le contraire pour une distance, on se sert du mot renversement. Le renversement d'une distance est le complément de cette distance, en sens inverse de celui ordinaire. Ainsi donc, le renversement de la seconde do ré sera la septième ré do. Alors on aura transporté le ré de l'aigu au grave. Tous les intervalles peuvent se renverser de la même manière, puisque chaque intervalle peut se représenter par un chiffre : il est facile de les mnémoniser tous avec leurs renversemens , d'autant plus qu'il ne faut que deux chiffres pour chaque, le premier appartenant à l'intervalle primitif, et le second au renversement. Ces chiffres seront remplacés par les articulations répondantes ou leurs variantes. On en fera un mot qui , placé à la fin de la phrase, sera le mot sacramentel.

FORMULES.

Orgon était un *nigaud* (second) renversement (septième).

2   7

On ne croit plus à la *magie* (tierce) renversement (sixte).

3 6

Le loup *hurle* (quarte) renversement (quinte).

4   5

C'est bien peu de chose qu'un *liard* (quinte) renversement) quarte).

5 4

Il n'est pas d'animal plus doux que le *chameau* (sixte) renversement (tierce).

6   3

Le sauvage voyage sur mer dans son *canot* (septième) renversement (seconde).

7 2

On voit que la seconde donne la septième , et la septième donne la seconde , etc.

On sait que l'unisson renversé donne l'octave, et que l'octave renversé donne l'unisson.

Nous allons donner une autre manière de faire les formules ; on pourra choisir des deux celle qui plaira le mieux.

Le jaloux la *nuit*   fait le *guet*.

(2ᵉ renversement et 7ᵉ)

L'homme n'a pas de meilleur *ami* que son *chien*.

(3ᵉ renversem. 6ᵗᵉ).

Quand il entend tonner *l'airain*, le poltron voudrait avoir des *ailes.*

(4ᵗᵉ renversement 5ᵗᵉ)

Dans les déserts le *lion* se trouve *heureux.*

(5ᵗᵉ renversem. 4ᵗᵉ).

Les *anges* ont des ailes comme *l'hymen.*
6ᵗᵉ renversement 3ᵉ)

Le loup est aux *aguets* pour prendre *l'agneau.*
(7ᵉ renversement 2ᵉ)

DES SIGNES ALTÉRATIFS.

On sait que les dièzes se placent à la clef de quinte en quinte, en montant dans l'ordre suivant : fa, do, sol , ré, la, mi, si. Les bémols se placent de quinte en quinte , en descendant, dans l'ordre suivant : si, mi , la, ré, sol, do, fa.

FORMULE POUR RETENIR LA POSITION DES DIEZES.

L'acteur en scène n'est pas toujours à son *aise*, car on le siffle quand on le *voit tout son rôle manquer.*

(dièzes) fa, do, sol, ré, la, mi, si.

FORMULE POUR RETENIR LA POSITION DES BÉMOLS.

Le soldat bien fatigué sur un *môle sommeillerait sans duvet.*

(bémols) si, mi, la, ré, sol, do, fa.

Comme il n'entre pas dans nos vues d'enseigner toutes les sciences , chaque leçon de la Méthode qui a rapport à l'une d'elles ne doit présenter que la manière d'appliquer à l'art mnémonique la science que l'on veut apprendre ; c'est pourquoi nous terminerons la leçon de musique par les formules propres à rappeler la position des clefs, nous réservant d'offrir dans quelque temps aux amateurs une méthode de musique mnémonisée, dans laquellé ils pourront trouver tous les principes mnémonisés.

Les clefs sont représentées ainsi qu'il suit :

Clef: lai , les.

Clef de do laide.
— de fa les faits.
— de sol les sots.

FORMULE POUR LA CLEF DE DO.

La clef de do se place sur les première, deuxième, troisième et quatrième lignes.

A la loterie on voit entrer les jolies femmes et *les laides* pour prendre *des numéros*.

Clef de do, lignes 1, 2, 3, 4.

La clef de fa se place sur les troisième et quatrième lignes.

Les fats sont rarement *amoureux*.

La clef de sol se place sur la seconde ligne.

Les sots sont souvent ennuyeux.

Nous pensons que ces exemples doivent suffire pour prouver que l'on peut mnémoniser très-facilement toutes les règles de la musique, de même que les règles de l'harmonie.

APPLICATION

A L'ÉTUDE D'UN TEXTE EN PROSE OU EN VERS.

Dans la méthode de M. Castillon, on trouve un moyen de mnémoniser deux ou trois pages de prose; mais il suffit de connaître la difficulté d'une semblable mnémonisation pour trouver bon que nous la passions sous silence.

Il faut premièrement que ces deux ou trois pages soient une énumération soutenue, c'est-à-dire une idée mère décomposée en plusieurs autres idées, sous-divisées elles-mêmes en une foule de propositions qu'il faut mnémoniser par parties. Le travail seul de l'analyse, non compris celui de la mnémonisation, exigerait plus de temps qu'il n'en faudrait pour apprendre par les moyens connus à tous les hommes.

La poésie et même la prose peuvent cependant s'appliquer à notre méthode, sous un certain rapport.

Tout le monde sait qu'en apprenant une tirade de vers, on est presque toujours arrêté à la fin de chaque alinéa, ou du moins partout où le sens finit. Indiquons le moyen de faire dans ce cas une soudure qui unisse la fin du vers où l'on s'est arrêté, avec le commencement du suivant dont on ne se rappelle pas.

Je suppose qu'on veuille apprendre le premier chant de la Henriade, on retiendra facilement les vers suivans:

> Je chante le héros qui régna sur la France,
> Et par droit de conquête, et par droit de naissance ;
> Qui par de longs malheurs apprit à gouverner,
> Calma les factions, sut vaincre et pardonner,
> Confondit et Mayenne, et la ligue et l'Ibère,
> Et fut de ses sujets le vainqueur et le *père*.

Mais il est possible qu'on s'arrête à la fin de ce dernier, car le sens change dans le suivant, qui est celui-ci :

> *Descends du haut des cieux*, auguste Vérité.

Alors il faut faire une phrase où l'on fasse entrer le dernier ou les derniers mots du vers où l'on s'est arrêté, en les faisant suivre immédiatement des premiers mots des vers suivans. Il n'est pas nécessaire que ces mots terminent la formule.

Le dernier mot du vers où nous nous sommes arrêtés est *père*, les premiers mots du suivant sont: *Descends du haut des cieux*. On peut faire cette phrase ;

> *Père* des dieux, *descends du haut des cieux.*

Nous allons continuer de mnémoniser le commencement de la Henriade, en distinguant par des caractères italiques le dernier mot du vers où l'on échoue, et les premiers de celui qu'on veut se rappeler.

Vers.

> Descends du haut des cieux, auguste Vérité,
> Que l'oreille des rois s'accoutume à *t'entendre* ;
> *C'est à toi d'annoncer* ce qu'ils doivent apprendre.

On ne peut *t'entendre*, *c'est à toi* de parler plus haut.

Vers.

> C'est à toi d'annoncer ce qu'ils doivent apprendre,
> C'est à toi de montrer, aux yeux des nations,

Les coupables effets de leurs *divisions*.
Dis comment la Discorde a troublé nos provinces.

FORMULE.

Je ne sais pas faire une *division*, dis comment on s'y prend.

Vers.

Dis comment la discorde a troublé nos provinces ;
Dis les malheurs du peuple , et les fautes des princes ;
Viens , parle ; et s'il est vrai que la fable autrefois
Sut à tes fiers accens mêler sa douce voix ,
Si sa main délicate, etc.

Jusqu'à ; et non pour *les cacher.*

Valois régnait encore.

FORMULE.

Avant qu'il fût roi , on n'aurait pas vu se *cacher Valois.*

Vers.

Valois régnait encore, et ses mains incertaines
De l'état ébranlé laissaient flotter les rènes ;
Les lois étaient sans force, et les droits confondus ,
Ou plutôt en effet, Valois ne régnait plus.
Jusqu'à..... mettaient les *diadèmes.*

Tel brille au second rang.....,...

FORMULE.

A Reims, qnand l'archevêque couronne les rois *du diadème,* l'autel brille.

SOLUTION

DES EXERCICES DE LA SEPTIÈME LEÇON.

Formules pour la marche du cavalier au jeu d'échecs.

Amen , s'écrie *Euler,* ayant trouvé *la marche du cavalier des échecs ;*
cependant je ne puis dire qne

Dédaignant mon talent, Anacréon fut choqué.

C-à-d., cases   11.   25.   15.   27, 48.   67.

Choqué par les massacres de la Saint-Barthélemy, plus d'un
   Vivait caché en vrai huguenot, l'âme *agitée*.
   (88 , 76,   84,   72,   55,   61.)

Agitez les eaux, et sur les ondes
   Régnez, naïades, au domaine où est le thon qu'on me vend.
   (42,   21,   15,   25   17,   58.)

Le *vent* fait moins de bruit que
   La cohue qui vous fâche, jaloux, riches *maris*.
   (57,   78,   86,   65,   46,   54.)

Il était *marri* le grand homme, quand il disait : Vous qui avez
vaincu   loyalement ; injuriez, rois, lâchement les *lauriers*.
         (55,   36,   44,   56,   55,   54.)

Couronné des *lauriers* de Juillet, le peuple français dit à son roi
déchu : Je ne veux pas ta
         Momerie, indigne, ni ton règne, chaud *dévot*.
         (55,   41, 22,   14,   26,   18.)

Au *dévot* qui néglige de prier, on peut dire : Eh quoi ! tu
   Manques l'*ave*, cagot, vilain ; comment *fais-tu ?*
   (57,   58,   77,   85,   75,   81.)

Fais-tu la guerre, tyran, avec des moines,
   Jeunes, vieux, hommes câlins, et un chef *arrogant ?*
   (62, 85,   75,   87, 68,   47.)

A *l'arrogant* envoyé les Romagnols ont répondu : Celui qui
   Nous veut déjouer, n'aura de nos *mandolines*.
   (28, 16, 24,   12,   51,   52.)

De ta *mandoline*,
   Quand tu joues, ma voix, ô Anacréon, change et *râle*.
   (71,   65,   82,   74,   66,   45.)

Jusqu'au *râle*, dit Apollon, que mon
   Chant rare et mon luth *amène*.
   64,   45,   51,   52.)

DIFFÉRENS SYSTÈMES.

Nous avons donné les moyens de faire un tableau de cent mots de rappel, de le prolonger jusqu'à cinq cents, par les dérivés, et jusqu'à deux cents ou trois cents, par les synonymes et les opposés. Nous allons maintenant, comme nous l'avons promis, développer le système des localités, et d'autres systèmes suivis par M. Aimé-Paris.

Localités.

Voulez-vous construire un tableau de cent points de rappel ou plus, vous pouvez, 1° Choisir dans la ville que vous habitez 10 places dont les noms feront votre première dixaine ; dans chaque place vous prendrez 10 maisons, et dans chaque maison 10 pièces ou 10 objets ; vous aurez ainsi un grand nombre de mots qu'il vous sera facile de retenir, puisque vous aurez choisi vous-même les emplacemens.

2° Les méthodes précédentes indiquent encore le moyen suivant : Chercher dans la ville qu'on habite des emplacemens, des édifices et des lieux qui aient un rapport marqué avec les 100 points de rappel du tableau ordinaire. C'est ainsi que pour les mots du tableau de Castilho, ont été choisis les édifices de la capitale, dont quelques-uns suivent :

0. Les *Invalides* (retraite des héros). . . . . Héros.
1. Le *Temple* (où fut enfermé Louis XVI). . . . Temple.
2. La *Ménagerie* (où l'on voit beaucoup d'animaux.) Animal.
3. La maison du restaurateur Véry. . . . . Mets.
4. Les Tuileries. . . . . Roi.

Chaque élève peut, avec notre tableau, faire un travail semblable dans sa ville. On remarquera sans doute qu'une série d'édifices ainsi composée ne serait avantageuse qu'autant qu'elle n'aurait pas besoin du tableau primitif pour être retenue. Aussi nous n'en parlons que pour ne pas laisser ignorer à nos élèves tout ce qui appartient à l'art que nous enseignons.

M. Aimé-Paris a suivi depuis janvier 1824 un système ainsi conçu :
Les 10 premiers chiffres répondent aux mots suivans :

0. Or (parce qu'un louis d'or est rond).

1. Création (commencement de tout).

2. Bucéphale (le 2 ressemble à l'encolure d'un cheval.)

Etc. , etc.

Il a cherché ensuite 9 idées en rapport avec celles qni répondent aux 9 chiffres, à partir d'1 , et les opposés de ces idées.

Idées primitives.	Dérivés.	Opposés.
1. Création.	Homme.	Femme.
2. Bucéphale.	Quadrupède.	Volatile.
Etc. , etc.		

Pour former la seconde dixaine avec ces données , il rapproche successivement chaque substantif de la liste des dérivés des 10 substantifs de la liste des opposés; ce qui lui donne 9 fois 10 idées , résultat de ce rapprochement. Ainsi se trouve rempli son tableau de 100 points.

Homme, or,   (Banquier 10).
Homme , femme, (Fat   11).
Homme , volatile, (Aéronaute 12).

Quadrupède ,   or. (Veau du désert,   20).
Quadrupède ,   femme. (Sphinx,   21).
Quadrupède ,   volatile. (Chauve-souris ,   22).

Si l'on cherche des personnages historiques ou mytholgiques ayant rapport aux 100 mots fournis par le tableau précédent, on formera une nouvelle série de 100 idées. En cherchant ensuite 4 personnages dérivés de chacun des premiers , on obtiendra 500 mots.

Exemple :

Création. Adam.   (Abel, Caïn, Eve , Seth.)
Bucéphale. Alexandre. (Clytus, Ephestion, Parménion, Philotas).

On a encore fait des tableaux de 100 mots en prenant pour chaque nombre un mot en *on*, et composé des articulations exprimant le nombre. Ainsi

20 Nations.

50 Missions.

40 Rations.

41 Ratons.

42 Renoms.

Enfin, au lieu de choisir pour les 10 substantifs primitifs des mots commençant par l'articulation correspondante au chiffre, on peut en prendre dont la prononciation produise le même son que celle des chiffres, ou bien le nom d'objets qui ressemblent aux chiffres. On a aussi employé les noms des couleurs commençant par les articulations des 9 premiers chiffres. L'élève d'ailleurs comprendra facilement combien il y a de moyens de construire ces tableaux.

Il nous reste un mot à dire de quelques applications qu'on a prétendu être possibles, et qui nous semblent impraticables.

APPLICATION AUX LANGUES.

A la vue de ce titre, mis dans une Méthode, qui ne s'imaginerait qu'on va offrir le moyen d'apprendre une langue? Pas du tout; on trouve simplement un tas de formules faites pour retenir les noms des *cas* dans les déclinaisons, et des temps dans les conjugaisons ; et la suite des mots qui, dans les règles de la formation du pluriel et du féminin en français, font exception. Les moyens ordinaires déjà connus suffisent pour une semblable mnémonisation qui n'offre pas grand avantage.

JURISPRUDENCE.

Certes ce serait le plus grand service que la mnémotechnie pourrait rendre à l'élève studieux que de lui donner ce moyen de retenir un code après trois mois d'étude. Mais, pour mnémoniser un code en faisant une formule pour chaque article, comme pour les propositions de géométrie, il faudrait un travail long et pénible. Il est donc inutile de développer ce travail. Il a été fait par M. Aimé-Paris. Il est plus simple de conseiller aux élèves d'acheter cet ouvrage, avec lequel, au bout de quelques mois, ils auront appris leur code.

FIN DE LA MNÉMOTECHNIE.